e스포츠
마스터플랜

<일러두기>
청소년들이 e스포츠에 대한 정보를 잘 찾을 수 있도록, 자세한 내용과 정보를 각주에 실으니
해당 기사와 도서를 찾아 참고로 읽어 보기를 바란다.

사진 제공사 라이엇 게임즈 코리아
(16p, 48p, 51p)

e스포츠 마스터플랜

초판 1쇄 발행 2019년 12월 10일

지은이	한국이스포츠아카데미(김한누리, 오지환)
발행인	조상현
마케팅	조정빈
편집인	김주연
디자인	김희진

펴낸곳	더디퍼런스
등록번호	제2018-000177호
주소	경기도 고양시 덕양구 큰골길 33-170
문의	02-712-7927
팩스	02-6974-1237
이메일	thedibooks@naver.com
홈페이지	www.thedifference.co.kr

ISBN   979-11-61252-33-9 03370

┃ 더디 ┃ 더디퍼런스 ┃ 📖 ┃
마이북

e스포츠
마스터플랜

한국이스포츠아카데미 지음

더디퍼런스

e스포츠가 궁금한 십대, 그리고 부모님께

한국이스포츠아카데미에는 매일 전국 각지에서 프로게이머 지망생이 찾아온다. 그리고 자녀와 같이 온 부모님의 고민어린 눈빛도 함께 마주한다. 화려한 프로 무대를 꿈꾸는 아이들의 열정은 순수하다. 하지만 반짝이는 우승 트로피와 함성이 가득한 경기장 뒤에 어떤 치열한 순간이 있는지 아는 아이들은 많지 않다. e스포츠는 이제 우리 생활에서 낯선 단어가 아니지만, 막상 산업이나 진로와 관련하여 찾아볼 수 있는 정보는 부족한 것이 현실이다. 그렇기에 e스포츠 분야로 진로를 희망하는 자녀의 부모들은 선뜻 이 길을 응원하기에 걱정과 불안함을 떨칠 수 없다. 이 책은 그런 고민에서 시작되었다.

이 책은 프로게이머가 되라고 권유하는 책이 아니다. e스포츠가 장래성이 있는 분야임은 분명하지만, 그렇다고 당장 이 산업으로 뛰어들라고 설득하지 않는다. 잘못된 선입견만큼이나 지나친 환상도 진로를 선택할 때 독이 된다. e스포츠 산업에 관심을 가지고 진로를 고민하는 이들에게 직업별 일과 생활, 필요 역량, 연봉 수준 및 전망 등 최대한 객관적인 정보를 제공하였다. 현재 활발하게 활동하는 e스포츠인의 진솔한 목소리도 들을 수 있다.

부모와 자녀가 함께 이 책을 읽고, 많은 대화를 하길 바란다. 단순한 흥미를 넘어 자녀의 적성과 e스포츠 산업의 미래를 살펴보고, 고민을 나누는 바탕이 되기를 희망한다.

사람들을 웃고 울리는 스포츠에는 감동이 있다. 그리고 이러한 스포츠 경기는 수많은 관계자의 치열한 노력과 땀방울로 만들어진다. 지금 이 순간에도 세계 각지의 팬들이 열광하는 e스포츠 중심에 한국인이 있다. 앞으로도 글로벌 e스포츠 중심에 우리 청소년이 자리매김할 것이라 믿으며, 《e스포츠 마스터플랜》이 십대에게 꿈으로 향하는 길잡이가 되기를 바란다.

한국이스포츠아카데미

차례

프롤로그 e스포츠가 궁금한 십대, 그리고 부모님께 _ 4

1장 e스포츠, 대체 무엇이길래?
e스포츠란? _ 10
왜 e스포츠에 주목해야 하는가? _ 19
세계를 이끄는 한국 e스포츠의 힘 _ 26

2장 e스포츠 직업의 세계 : 경기를 만드는 사람들
1. 프로게이머
프로게이머란? _ 37
프로게이머가 되려면? _ 50
★ 프로게이머에게 직접 듣는다! _ 56

2. 프로게임단 코칭스태프
프로게임단 코칭스태프란? _ 65
코칭스태프가 되려면? _ 75
★ e스포츠 감독에게 직접 듣는다! _ 79
★ e스포츠 코치에게 직접 듣는다! _ 84

3장 e스포츠 직업의 세계 : 경기를 전달하는 사람들
1. e스포츠 해설가
e스포츠 해설가란? _ 91
해설가가 되려면? _ 99
★ 해설가에게 직접 듣는다! _ 102

2. e스포츠 전문기자

e스포츠 전문기자란? _ 107

e스포츠 전문기자가 되려면? _ 115

★ e스포츠 전문기자에게 직접 듣는다! _118

4장 e스포츠 직업의 세계 : e스포츠를 지원하는 사람들
1. 프로게임단 사무국

프로게임단 사무국이란? _ 125

사무국에서 일하려면? _ 132

★ 사무국장에게 직접 듣는다! _ 134

2. e스포츠 에이전트

e스포츠 에이전트란? _ 140

e스포츠 에이전트가 되려면? _ 147

★ e스포츠 에이전트에게 직접 듣는다! _ 150

3. e스포츠아카데미 강사

e스포츠 아카데미 강사란? _ 156

아카데미 강사가 되려면? _ 163

★ 아카데미 강사에게 직접 듣는다! _ 166

4. 게임 스트리머

게임 스트리머란? _ 173

게임 스트리머가 되려면? _ 181

에필로그 한국 e스포츠의 미래를 밝히는 힘 _ 183

1장
e스포츠,
대체 무엇이길래?

e스포츠란?

전국적으로 스타크래프트 열풍이 불었던 90년대 이후부터 e스포츠는 우리에게 익숙한 단어가 되었다. 게임에 관심 없는 사람도 TV뉴스나 신문 기사에서 e스포츠 관련 소식을 심심찮게 만날 수 있다.

이제 e스포츠 경기를 보기 위해 수만 명이 경기장을 가득 매우는 것에 사람들은 놀라지 않는다. 유명 프로게이머들이 억대 연봉을 받는 것도 당연한 일이 되었다. 국내 e스포츠 산업은 이제 1,000억 원에 육박*하는 커다란 시장으로 자리 잡았다.

●   한국콘텐츠진흥원 (2018년 12월). 2018 이스포츠 실태조사

프로게이머는 우리나라 초등학생 희망 직업 9위에 꼽힐 정도$^{●}$로 선망의 대상이며, 2018년 아시안게임에서 e스포츠가 시범종목으로 채택되면서 사회적 위상도 크게 높아졌다. 마이크로소프트나 아마존 같은 글로벌 대기업들도 게임 스트리밍 서비스를 인수하면서 앞다투어 e스포츠 시장에 뛰어들고 있다. 하지만 동시에 세계보건기구(WHO)가 게임이용장애(게임 중독)를 질병으로 분류하면서 게임에 대한 부정적인 인식이 강해지고, 그 연장선상으로 국내에서도 e스포츠를 바라보는 곱지 않은 시선들이 있는 것 또한 현실이다.

대체 e스포츠는 무엇이길래, 누군가에게는 가장 미래가 기대되는 산업으로 손꼽히면서 다른 한편에서는 그저 놀이일 뿐이라고 취급받는 것일까?

e스포츠 정의

e스포츠는 Electronic Sports의 줄임말로, 번역하면 '전자스포츠'라는 뜻이다. 우리나라에서는 이 단어를 '이스포츠(전자스포츠) 진흥에 관한 법률'에서 **'게임물을 매개로 하여**

● 한국직업능력개발원 (2018년 12월). 초·중등 진로교육 현황조사

사람과 사람 간에 기록 또는 승부를 겨루는 경기 및 부대활
동'으로 정의한다.

이렇듯 '게임'을 매개로 한다는 것은 e스포츠의 가장 큰
특징이다. 하지만 이 때문에 게임이 곧 e스포츠인 것마냥
오해도 받는다. e스포츠와 게임은 서로 떼려야 뗄 수 없는
관계지만, 동시에 엄연히 다른 정의를 가진 별개의 용어이다.

e스포츠 vs 게임: 모든 게임이 e스포츠가 될 수 있을까?

특정 활동이 스포츠로 분류되기 위해서는 몇 가지 기준
을 충족해야 한다.
그중 핵심은 **기술이
나 체력을 필요로 하**
면서 기록이나 승부
를 통해 우열을 가릴
수 있어야 한다는 점

☑ 체력이나 기술을 필요로 하는가?
☑ 승부를 가릴 수 있는가?
 – 규칙 등 경쟁 조건이 공정한가?
 – 확률이나 운이 과도하게 작용하지 않는가?
 – 한정된 시간 내에 승패가 결정되는가?

스포츠 기준

이다. 이 기준은 게임이 e스포츠가 될 수 있는 최소한의 조
건이다.

게임이라고 모두 똑같은 게임이 아니다. 게임에도 다양
한 종류가 있는데, 크게는 PC나 모바일기기를 이용해 인터
넷(온라인 네트워크)에 접속해 진행하는 **온라인 게임**과 플레
이스테이션이나 닌텐도 스위치와 같은 게임기를 모니터에

연결해 플레이하는 **콘솔 게임**으로 나뉜다.

　콘솔 게임은 한 명의 플레이어가 스토리 라인에 따라 게임 내 목표들을 수행하며 결말을 만나는 형태의 게임이 주를 이룬다. 그렇기 때문에 스포츠 요소인 경쟁 자체가 성립하지 않는 경우가 대부분이다. 최근에는 대전 게임을 주축으로 콘솔 게임도 e스포츠 시장으로 진입하고 있지만, 아직까지 e스포츠 내에서 비중은 미미하다.

　온라인 게임이라고 해서 모두 e스포츠가 될 수 있는 것도 아니다. 온라인 게임에도 성격에 따라 수많은 하위 장르가 있는데, 어떤 장르의 게임은 승패를 가르는 것이 불가능하다. 대표적으로 MMORPG(Massively Multiplayer Online Role-Playing Game) 장르를 꼽을 수 있다. 여러 플레이어가 동일한 가상세계에서 각각 캐릭터를 키우며 게임 속 세상을 자유롭게 체험하는 장르로, 승패를 가리는 것이 어려워 e스포츠화하기 어렵다. 한편 스타크래프트나 리그 오브 레전드와 같은 e스포츠 대표 종목이 속한 RTS(Real-Time Strategy)나 AOS(Aeon of Strife) 장르의 경우, 한 장르 내에서 여러 e스포츠 종목 게임이 배출되는 것을 확인할 수 있다.

대표적인 온라인 게임 장르 구분

게임 장르	장르 특징	승패 구분 여부	메이저 e스포츠 여부	대표 게임
FPS	1인칭 시점 총격 (shooting) 전투	○	○	카운터스트라이크 오버워치
배틀 로얄	최종 생존을 목표로 하 는 1인칭 혹은 3인칭 시점의 총격 전투	○	○	배틀그라운드 포트나이트
RTS	실시간으로 전략적 요 소를 활용하여 상대 기 지 파괴 등 목적 달성	○	○	스타크래프트 워크래프트
AOS	특정 맵에서 캐릭터를 성장시켜 상대 진영을 파괴하는 실시간 공성전	○	○	리그 오브 레전드 도타
스포츠	축구, 농구, 야구 등의 스포츠 선수들을 조작 하여 경기 진행	○	×	피파 위닝 일레븐
격투	캐릭터를 직접 조작하 는 일대일 액션 대전	○	×	철권
MMORPG	여러 플레이어와 함께 각각 캐릭터를 육성하 고 가상 세계를 체험	×	×	메이플스토리 월드 오브 워크래프트

여기에 더하여 해당 게임이 **대중성**을 갖추어야 한다. 인기가 없어 사람들이 게임을 잘 모르면, 경기 규칙을 이해하고 스포츠로 즐기는 데 진입 장벽이 높아지기 때문이다. 또

한 게임을 즐기는 사람이 많을수록 해당 종목 e스포츠 대회나 리그에 대한 관심도 커지기 마련이다.

마지막으로 **보는 재미**도 중요하다. 플레이할 때 재미있는 게임이 관람할 때는 지루할 수도 있다. 선수들의 플레이를 보는 대중의 입장에서 재미를 느낄 수 있는 요소를 갖추어야 e스포츠 종목으로 자리 잡을 수 있다.

이처럼 수많은 게임 중에서도 ① 컨트롤이나 전술과 같은 플레이어의 **기술**이 필요하면서 ② 일정한 규칙에 따라 **승부**를 가릴 수 있고 ③ **대중성**과 ④ **보는 재미**까지 갖춘 일부 게임이 경기 종목이 되어 시합이 이루어지고, 나아가 대회나 방송, 커뮤니티에서 지속적으로 소비될 때 비로소 성공적인 e스포츠로 안착하게 된다.

e스포츠 vs 전통 스포츠 : 세상에 없던 특별한 스포츠

그렇다면 이렇게 스포츠화 된 게임 종목을 기존 스포츠와 같은 범주에 넣지 않고 굳이 'e스포츠'라고 구분하는 이유는 무엇일까? 이는 전통 스포츠와 본질적으로 구분되는 e스포츠만의 고유한 특성 때문이다.

① e스포츠는 시공간의 제약이 없다.

컴퓨터와 인터넷만 연결된다면 말 그대로 언제 어디서든 경기가 열릴 수 있다. 잔디밭도 필요 없고, 폭풍 번개가 내

e스포츠 경기장

리치는 날씨여도 아무 상관이 없다. 시간과 장소의 제약이 없다는 것은 e스포츠의 발전 가능성을 무궁무진하게 만든다.

　예를 들어 인기 축구팀인 스페인의 레알 마드리드와 잉글랜드의 맨체스터 유나이티드가 경기한다고 생각해 보자. 30명 이상의 선수단이 이동할 비행기와 숙소, 규모에 맞는 경기장 시설과 이를 관리할 수많은 인원 등 수십억 원에 이르는 비용과 많은 시간이 필요하다. 하지만 e스포츠에서 같은 이벤트를 한다고 가정한다면 어떨까? 성능 좋은 게임 장비와 인터넷, 그리고 서로 동의한 운영 규칙만으로 경기는 바로 펼쳐질 수 있다.

② 종목별로 해당 게임을 소유한 종목사가 있다.

축구나 바둑과 같은 스포츠를 떠올려 보자. 우리는 게임 방법이나 규칙을 처음에 누가 만들었는지 알지 못한다. 모두가 자유롭게 스포츠를 즐기고 대회를 개최하며 방송을 만들 수 있다. 누군가 나타나 "내가 축구라는 종목을 만든 사람이니, 경기할 때 나에게 사전에 동의를 받아야 한다"라고 말한다면, 정신이 이상한 사람으로 취급받을 것이다.

e스포츠는 다르다. 물론 e스포츠 자체는 대중이 자유롭게 참여하고 즐길 수 있는 콘텐츠이다. 하지만 e스포츠 경기가 이루어지기 위해서는 게임이 반드시 필요한데, 이 게임에는 명백한 주인이 있다. 바로 게임이라는 저작물을 만들고 운영하는 게임개발사다. '리그 오브 레전드'는 '라이엇 게임즈'라는 회사의 자산이고, '오버워치'는 '블리자드 엔터테인먼트'의 자산이다. 때문에 e스포츠 대회를 개최하거나 콘텐츠를 만들어 수익을 얻으려면 해당 종목사에 동의를 구하고 저작권료를 지불해야 한다.

③ 시대의 흐름에 맞추어 꾸준히 변화한다.

먼저 개별 종목의 관점에서 살펴보자. 게임을 해 본 사람이라면 게임에 접속했을 때 업데이트 화면을 마주한 경험이 있을 것이다. 게임 속 콘텐츠를 수정하거나 추가하고, 오류를 고치는 것을 업데이트(혹은 패치)라고 부르는데, 이를 통해 게임의 규칙과 양상이 대폭 바뀌기도 한다. 특정 캐릭터가 지나치게 강력하거나, 플레이 경향이 고착화되면 업데이트를 통해 게임 내 밸런스를 맞춘다. 업데이트 내용은 해당 e스포츠 종목에도 그대로 적용되기 때문에, 프로게이머나 코칭스태프는 변화하는 게임 환경에 계속 적응해야 한다. '연장전에 돌입하면 한 명의 선수를 추가로 교체할 수 있다'라는 규칙 하나가 도입되는데 20년 걸린 축구와 비교하면 그 변화의 속도를 체감할 수 있다.

한 종목에서 뿐만 아니라 e스포츠 전체의 구성도 변한다. 즉 e스포츠에는 수명이 존재한다. 시장에서는 더 나은 그래픽과 재미를 선사하는 게임이 지속적으로 출시되고, 게이머들은 트렌드에 민감하다. 국민적 스포츠로 인기를 누리던 스타크래프트 e스포츠가 지금은 주류에서 물러났듯이, 게임을 즐기는 사람이 줄어들면 해당 종목의 e스포츠 인기노 술기 마련이다. 쓸쓸히 퇴장하는 종목이 있다면, 새로운 즐거움을 선사하는 종목도 등장하며 역동적으로 변하는 것이 바로 e스포츠이다.

왜 e스포츠에
주목해야 하는가?

수많은 산업 중에서 21세기에 탄생한 산업은 몇 개나 될까? e스포츠는 인터넷으로 세계가 연결되고 각종 온라인 스트리밍 플랫폼이 발달한 기술 환경에서 나타난 젊은 산업이고, 그만큼 다양한 변화와 폭발적인 성장을 보인다.

e스포츠 산업 구조

e스포츠 산업 구조는 타 프로 스포츠와 크게 다르지 않다. 주최사(방송사, 기업, 협회 등)가 대회나 리그를 개최한다. 구단은 기업의 후원·투자를 바탕으로, 팀의 경기력을 향상시켜 대회에 참가하며 스포츠 산업의 본질적인 가치를 만든다. 미디어는 경기를 대중에게 전달하며, 이 과정에서 광고 등 유통 수익을 얻는다. 대중(팬)은 최종 소비자로서

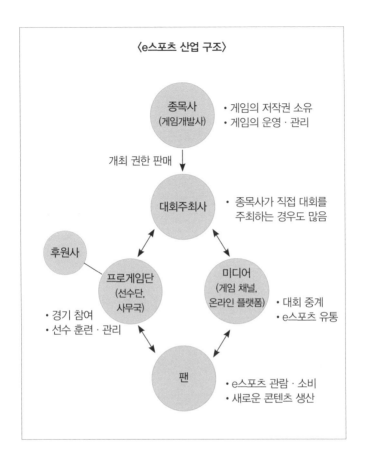

〈e스포츠 산업 구조〉

종목사
(게임개발사)

• 게임의 저작권 소유
• 게임의 운영 · 관리

개최 권한 판매

대회주최사

• 종목사가 직접 대회를
  주최하는 경우도 많음

후원사

프로게임단
(선수단,
사무국)

미디어
(게임 채널,
온라인 플랫폼)

• 대회 중계
• e스포츠 유통

• 경기 참여
• 선수 훈련 · 관리

팬

• e스포츠 관람 · 소비
• 새로운 콘텐츠 생산

스포츠를 관람하고 소비하며, 커뮤니티 활동이나 응원 참
여 등을 통해 새로운 콘텐츠를 생산한다.

 e스포츠 산업 생태계에서 특이할 만한 점은 종목사의 존
재다. e스포츠의 흥행이 해당 종목 게임의 매출과 밀접한

연관이 있기 때문에, 종목사는 적극적으로 e스포츠를 지원하고 직접 리그를 운영하기도 한다.

　수익 모델 측면에서도 마찬가지이다. 프로 스포츠는 크게 팀이나 리그에 대한 기업 후원(스폰서십), 중계권 및 미디어 광고, 그리고 상품이나 입장권 판매에서 수익이 발생하는데, e스포츠도 비슷한 형태를 띈다. 미디어 매출에서 인터넷 플랫폼 비중이 높은 점과, 판매 상품 중에 디지털 굿즈(특정 선수나 구단의 특징을 딴 게임 스킨 등)가 존재한다는 점이 e스포츠만의 차별점이다.

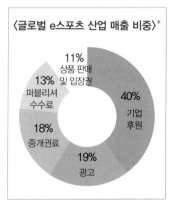

〈글로벌 e스포츠 산업 매출 비중〉*

- 40% 기업 후원
- 19% 광고
- 18% 중개권료
- 13% 퍼블리셔 수수료
- 11% 상품 판매 및 입장권

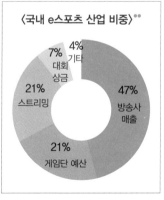

〈국내 e스포츠 산업 비중〉**

- 47% 방송사 매출
- 21% 게임단 예산
- 21% 스트리밍
- 7% 대회 상금
- 4% 기타

* NEWZOO. (2018년 2월). 2018 GLOBAL e-Sports MARKET REPORT
** 한국콘텐츠진흥원. (2018년 12월). 2018 이스포츠 실태조사

e스포츠 산업의 현 주소

e스포츠의 태동기인 2000년대 초반만 하더라도, e스포츠는 단순히 게임 대회를 개최하고 중계하는 수준이었다. 한국에서 가장 먼저 대중적으로 발전했고 미국, 중국 등에서도 활성화되는 움직임을 보였으나 그 범위는 각 나라의 국경을 넘지 못했다. 2010년대에 들어 리그 오브 레전드, 도타2 등 전 세계적으로 인기를 얻는 종목이 많아지면서 산업 양상이 크게 변한다. 세계 대회가 속속 등장하고 글로벌 시장 규모와 시청자 수가 폭발적으로 증가했다.

2018년 기준 전 세계 e스포츠 시장의 규모는 8억 6,500만 달러[*](당시 환율 기준, 한화 약 9,688억 원)에 달한다. e스포츠 전용 경기장이 전 세계 각지에 지어지고 있으며, 도타2 e스포츠 대회(디 인터내셔널)는 매년 세계 최대 상금 기록을 갈아치우며 2019년에는 총상금 규모가 3,400만 달러(한화 약 403억 원)를 돌파했다.

시청자 규모도 만만치 않다. 2018년 기준으로 e스포츠 시청자 수는 한 달에 1억 6,700만 명 수준[**]인데, 이는 전

* NEWZOO. (2019년 2월). 2019 GLOBAL e-Sports MARKET REPORT
** Goldman Sachs. (2018년 8월). esports report(The World of Games)

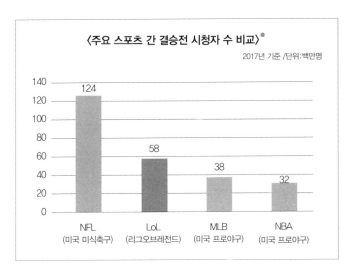

통 스포츠인 야구의 MLB 월평균 시청자 수보다 높은 수
준이다. 개별 종목을 기준으로 살펴봐도, 리그 오브 레전드
월드챔피언십 결승전 시청자 수가 MLB와 NBA를 넘어선
것을 확인할 수 있다.

산업 규모 성장에 발맞추어 e스포츠의 대외적 위상도
올라가고 있다. 전통적인 스포츠 브랜드로 유명한 나이키
(NIKE)의 광고 모델로 프로게이머가 등장하고, 파리 생제
르맹 같은 세계적으로 유명한 전통 스포츠클럽들이 앞다투

•   Goldman Sachs. (2018년 8월). esports report(The World of Games)

어 e스포츠 팀을 창단하고 있다. 아시안 게임이나 올림픽마다 e스포츠 정식 종목 채택 논의가 꾸준히 이루어지는 등 달라진 위상을 실감할 수 있다.

e스포츠 성장이 기대되는 이유

e스포츠는 20년 남짓한 짧은 시간 내에 어엿한 스포츠 산업으로 자리 잡았다. 하지만 우리 주위에는 e스포츠 외에도 수많은 스포츠 종목과, 엔터테인먼트 분야가 있다. 많은 산업 가운데, 우리는 왜 지금 e스포츠에 주목해야 할까?

① 10~30대의 젊은 세대(밀레니얼 세대)가 주 고객이다.

밀레니얼 세대는 어렸을 때부터 일상적으로 게임을 접하며 e스포츠 팬으로 자리 잡았다. 시간이 지나 이들이 경제 활동의 주축이 되면, 자연스레 e스포츠의 인기와 소비도 더욱 늘어날 것으로 예측된다. 특히 야구나 농구 등의 전통 스포츠에서 젊은 팬이 유입되지 않아 고민하는 점과 비교해 볼 때, 젊은 팬층은 e스포츠 산업의 큰 매력이자 가능성으로 다가온다.

② 고속 성장이 예측되는 온라인 스트리밍 사업과 좋은 시너지 효과를 낸다.

유튜브나 트위치 같은 스트리밍 플랫폼의 시청자 수는 이제 메이저 채널을 훌쩍 뛰어넘는다. 인터넷만 연결되면 언제 어디서나 시청 가능한 스트리밍 매체는 시공간의 제약이 없는 e스포츠와 천생연분이다. 한정된 경기 시간에만 접할 수 있는 전통 스포츠에 비해, 실시간 채팅으로 참여하며 24시간 즐길 거리를 제공하는 e스포츠가 미디어 측면에서 보다 매력적이다.

③ e스포츠 시장은 가파르게 성장하고 있다.

글로벌 e스포츠 산업은 시장 규모에서 연평균 27%(5개년 CAGR기준), 시청자 수에서도 연평균 14%(5개년 CAGR기준) 성장[•]을 보이고 있다. 이는 다른 스포츠뿐만 아니라 오늘날의 어떤 산업과 비교해도 무시무시한 성장세이다. 2002년에 1세대 프로게이머 스타 임요환이 받은 연봉은 1억 원 수준이다. 십몇 년이 지났을 뿐인데 현재 최고 스타인 프로게이머 이상혁(닉네임 페이커)이 받는 연봉은 30억 원을 상회하는 것으로 알려졌다. 무려 30배가 상승한 것이다.

이렇듯 e스포츠는 오늘보다 내일이 기대되는 산업이다. 하루가 다르게 변화하며 성장하는 e스포츠에는 무수한 기회가 기다린다.

[•]   NEWZOO. (2018년 2월). 2018 GLOBAL e-Sports MARKET REPORT

세계를 이끄는 한국
e스포츠의 힘

글로벌 e스포츠 환경 내에서 우리나라의 위치는 어디일까? 한국은 e스포츠가 본격적으로 시작된 2000년 이래 세계 무대의 중심에서 산업을 이끌고 있다. e스포츠 강국으로서 한국의 입지는 절대적이다. 마치 우리가 영국의 프리미어리그를 찾아보듯이 해외 e스포츠 팬들은 밤을 새며 한국의 e스포츠 리그를 시청한다. e스포츠 시스템을 배우러 한국에 와서 프로게임단 연습실을 방문하고 경기장을 견학하기도 한다. 또한 한국 e스포츠 선수와 코칭스태프는 언제나 영입 1순위이다. 세계 대회를 제패한 우승 횟수부터 선수 훈련 시스템, 중계와 분석, 관련 미디어 산업 등 모든 부문에서 앞서 있다. 한국의 출발점이 다른 나라보다 10년은 빨랐기에 가능한 일이다.

한국 e스포츠가 밟아온 길

국내 e스포츠의 역사는 크게 1990년대 후반부터 2010년까지 **스타크래프트 브루드워(이하 스타크래프트) 시대**와, 2010년대부터 지금까지 이어지는 **리그 오브 레전드 중심의 다종목, 글로벌 시대**로 나눌 수 있다.

이야기는 1990년대 후반 블리자드엔터테인먼트에서 게임 '스타크래프트'가 출시되면서 시작한다. 스타크래프트 열풍이 PC방 확산과 맞물리며 작은 규모의 PC방 대회가 등장했다. 동네에서 구 단위, 시 단위 나아가 전국으로 게임 대회 규모가 확대되었고, 대회를 관전하는 문화도 싹트기 시작한다.

게임 대회에 대한 대중의 관심이 커지자 한국e스포츠협회(KeSPA)가 설립되어 정규 리그 운영을 주도하기 시작했다. 이어서 24시간 게임만 다루는 케이블 방송채널들이 등장하고, 여기에 삼성, SKT, KT 등 대기업이 프로게임단을 후원하기 시작했다. 스포츠 산업의 핵심 요소인 **운영조직**과 **미디어, 프로팀**이라는 체계가 본격적으로 자리잡은 것이다.

현재 국제 표준이 된 **한국형 e스포츠의 형태는 대부분 이 시기에 정립**되었다. 그 당시 한국 e스포츠의 모든 활동에는 '세계 최초'라는 이름이 붙는다. e스포츠 프로리그 출범과 중계, e스포츠 전문 채널 탄생도 모두 한국이 최초다.

시간이 지나자 게임의 인기가 시들해지고, 유명선수의 승부 조작 사건들이 겹치면서 스타크래프트 e스포츠의 독주도 막을 내린다

그 다음 떠오른 것은 라이엇 게임즈의 게임 '리그 오브 레전드'이다. 리그 개최 전부터 게이머들 사이에서 탄탄한 인기를 누리던 터라 e스포츠로 빠르게 성장했다.

스타크래프트가 한국의 독무대였다면, 리그 오브 레전드는 북미, 중국, 유럽 등 세계 e스포츠팀과 치열한 글로벌 경쟁 국면을 보인다. 매년 열리는 국제대회인 '월드 챔피언십'은 축구의 월드컵과 비견되어 '롤드컵'이라고 불릴 정도로 범국가적인 이벤트가 되었다.

해외 다른 지역보다 게임 정식 서비스가 늦어져 뒤늦게 출발한 한국 팀은 2013년부터 5년 연속 롤드컵에서 우승하는 기염을 토하며 위상을 떨쳤다. 이를 통해 뛰어난 실력을 보인 한국 선수와 코칭스태프의 해외 진출도 함께 늘고 있다.

이후 오버워치, 배틀그라운드와 같은 게임들이 e스포츠 종목으로 안착하며, e스포츠 생태계도 보다 다양해졌다. 한국은 지금도 e스포츠 종주국으로서 뛰어난 기량의 선수들과 체계적인 시스템을 바탕으로 세계와 함께 경쟁하며 발전하고 있다.

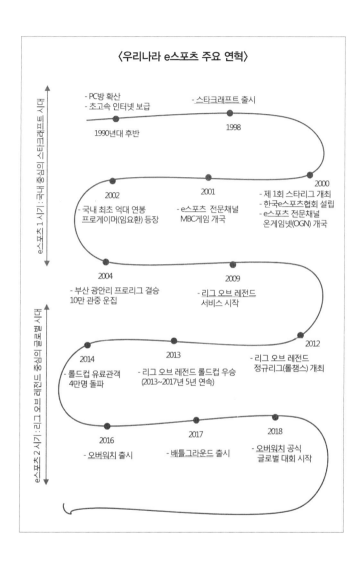

〈우리나라 e스포츠 주요 연혁〉

e스포츠 1시기 : 국내 중심의 스타크래프트 시대

- PC방 확산
- 초고속 인터넷 보급

1990년대 후반

- 스타크래프트 출시

1998

2000
- 제1회 스타리그 개최
- 한국e스포츠협회 설립
- e스포츠 전문채널
  온게임넷(OGN) 개국

2001
- e스포츠 전문채널
  MBC게임 개국

2002
- 국내 최초 억대 연봉
  프로게이머(임요환) 등장

2004
- 부산 광안리 프로리그 결승
  10만 관중 운집

2009
- 리그 오브 레전드
  서비스 시작

2012
- 리그 오브 레전드
  정규리그(롤챔스) 개최

e스포츠 2시기 : 리그 오브 레전드 중심의 글로벌 시대

2014
- 롤드컵 유료관객
  4만명 돌파

2013
- 리그 오브 레전드 롤드컵 우승
  (2013~2017년 5년 연속)

2016
- 오버워치 출시

2017
- 배틀그라운드 출시

2018
- 오버워치 공식
  글로벌 대회 시작

29

한국의 e스포츠는 왜 강할까?

축구의 브라질, 농구의 미국처럼 e스포츠에서 한국은 상징적인 국가 브랜드를 가지고 있다. 글로벌 대회 우승 횟수뿐 아니라 꾸준한 인재 발굴과 대중적인 e스포츠 문화 등, e스포츠 내에서 한국이 차지하는 위상은 남다르다. 심지어 해외 게이머들 사이에서 "한국 사람과 결혼하려면 장인어른을 스타크래프트로 이겨야 한다"라는 농담까지 있을 정도이다. 한국이라는 작은 나라가 이렇게 절대적인 위치를 갖게 된 이유는 무엇일까?

① 한국 프로게이머들은 압도적인 실력을 갖추었다.

우리나라에는 PC방이라는 놀이 공간에서 또래들과 어울려 '같이 게임하는 문화'가 발달했다. 브라질 축구의 원동력이 대중적인 축구 문화에서 비롯되듯, 한국 e스포츠의 원동력은 PC방 중심의 게임 문화에서 찾을 수 있다고 해도 과언이 아니다. 게임을 더 잘하기 위해 친구들과 연구하고 경쟁하고 실력을 키워 아마추어 대회를 나가는 등, 어릴 때부터 게임에 대해 높은 관심과 이해력을 키울 수 있는 환경이 갖추어졌다. 여기에 한국인 특유의 승부욕과 손기술, 높은 집중력까지 더해져 완벽한 e스포츠 선수들이 탄생하게 된다.

② 긴 역사에 바탕을 둔 체계적인 시스템을 갖추었다.

게임에 재능 있는 인재들이 많다고 자동적으로 훌륭한

프로게이머가 탄생하는 것은 아니다. 프로게이머는 우수한 성적을 위해 지속적으로 훈련하고 스스로를 관리해야 하는 '프로 선수'이기 때문이다. 한국은 다른 지역보다 프로대회와 프로게임단 시스템이 빠르게 도입되었다. 단발성의 이벤트 대회가 아니라 전통 프로 스포츠처럼 정해진 리그 일정과 플레이오프가 존재했기 때문에, 프로게임단과 이에 속한 선수들은 주전과 후보 선수 간의 치열한 경쟁을 거치며 경기 일정에 대비했다. 결과적으로 한국은 훈련 체계와 전략 노하우, 이를 관리하는 코치와 사무국 직원들까지 탄탄한 시스템 인프라를 갖추었기 때문에 해외 팀보다 한발 앞서나갈 수 있었다.

③ e스포츠에 대한 긍정적인 사회 인식이 있다.

한국에서는 남녀노소를 불문하고 프로게이머라는 직업에 대해 인지도가 높다. 또한 중장년층에서도 스타크래프트를 비롯한 게임에 익숙한 편이며, 게임 문화에 긍정적이지는 않더라도 대중성을 인정하고 이해하는 경향이 있다. 반면 서구권에서는 아직도 게임은 'Nerd(얼간이, 바보)'의 문화로 보는 시각이 많고, 프로게이머와 e스포츠라는 분야를 생소해 한다. 이러한 e스포츠에 대한 인식 차이는 e스포츠 투자와 사업 개발, 인재 수급 등 다방면에 영향을 끼친다. 한 예로 최근 국내에서 성장하는 프로게이머 아카데미 같은 사업은, 우리나라 부모 세대가 e스포츠 산업에 긍정적인 인식을 가지고 있기 때문에 가능하다. 반면 해외에서는 프로게이머라는 직업 자체가 생소하기 때문에 교육의 수요를 찾기 매우 어렵다.

우리나라 e스포츠 직업의 세계

e스포츠 산업 자체의 역동성과 앞으로 성장이 기대된다는 측면에서도 e스포츠 분야는 매력적인 일터로 다가온다. 특히 우리나라 e스포츠계에서 일한다는 것은 세계 최고라는 자부심을 갖고 e스포츠 트렌드를 주도한다는 뜻이기도 하다. 진로를 꿈꾸기에 그 매력은 충분하다.

하지만 e스포츠 관련 직업 정보는 충분하지 않은 것이 현실이다. 어떻게 기회를 잡을 수 있는지, 구체적으로 어떤 일을 하는지 찾아보기 어렵다. 일하는 데 필요한 자격증이 있는 것도 아니고, 관련 학과도 이제 막 생기기 시작하는 단계이다. 평균적인 보수나 대우를 말하기에도 직업 간, 혹은 직업 내 편차가 심하다.

e스포츠 내에는 넓은 직업 세계가 펼쳐져 있다. 가장 대표적인 프로게이머와 코칭스태프를 비롯하여 중계진, 기자, e스포츠 채널 PD, 에이전트와 스카우터 등 일일이 열거하기 힘들 만큼 다양한 직업이 있다. 그리고 e스포츠에서

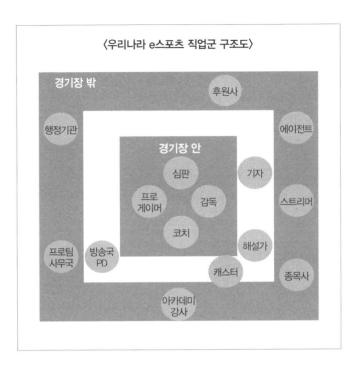

〈우리나라 e스포츠 직업군 구조도〉

경기장 밖

후원사
행정기관
에이전트

경기장 안
심판
기자
프로게이머
감독
스트리머
코치
해설가
프로팀 사무국
방송국 PD
캐스터
종목사
아카데미 강사

직업군이 제대로 자리 잡히기 전부터 애정과 열정으로 대한민국 e스포츠를 만들어 온 사람들이 존재한다.

2장부터는 본격적으로 e스포츠 산업에서 제각기 중요한 역할을 담당하는 직업을 하나하나 짚어가면서 현장의 생생한 이야기를 들어 보자.

2장
e스포츠 직업의 세계: 경기를 만드는 사람들

1. 프로게이머

프로게이머란?

e스포츠 하면 제일 먼저 떠오르는 직업, 가장 큰 함성을 듣는 동시에 매순간 부담을 견디며 사는 사람, 바로 프로게이머다.

프로게이머란 말 그대로 **게임 플레이를 직업으로 하는 사람**을 뜻한다. 그렇다면 온라인 스트리밍 서비스를 통해 게임 방송을 하거나, 동영상 사이트에 게임 영상을 편집해서 올리는 일을 하는 사람도 프로게이머라고 부를 수 있을까? 일반적으로 그렇지 않다. 영리나 금전적 보수를 목적으로, 개인 자격이나 스폰서십을 받는 게임단에 소속되어 대회에 출전하는 사람. 즉, 프로 e스포츠 선수라는 의미가 프로게이머라는 단어에 담겨 있다.

프로게이머는 소속된 **프로 게임팀을 위해 경기에 참가한다.** 스타디움 무대에 올라서 소음 차단 헤드셋을 착용하면 관중의 환호 소리는 거짓말처럼 사라진다. 지금부터는 눈앞에 놓인 모니터 속 경기만 있을 뿐이다. 짧은 시합 시간 동안 자신의 모든 기량을 쏟아붓는다. 시합 끝에는 승자와 함께 패자가 있다. 가장 높은 곳에서 승리의 달콤함을 즐기는 것이 프로게이머라면, 패배의 아픔을 견뎌내는 것 역시 프로게이머의 역할이다. 정규 시합 외에도 게임과 관련된 친선경기, 시범경기 및 행사에도 팀 선수로서 참가해야 한다.

경기를 위해 지난한 **연습을 반복한다.** 한 번의 경기를 승리로 이끌기 위해서 프로게이머가 투자하는 연습량은 어마어마하다. 소속팀의 연습 일정에 맞추어 모든 훈련에 참여하는 것은 물론, 정규 훈련이 끝나도 대부분의 선수는 새벽까지 개인 연습에 몰두한다. 기량 유지는 선수 생명과 직결되기 때문이다. 이렇게 프로게이머는 하루 10시간 이상 훈련을 매일 반복한다.

소속팀의 요청에 따라 각종 **홍보 활동에도 참여한다.** 여기에는 사인회나 언론 인터뷰, 방송 출연 등 일반 스포츠 선수에게 요구되는 활동이 포함된다. 최근에는 프로게이머에게 게임 스트리밍®이라는 다소 독특한 일정이 추가된다. 인터넷을 매개로 진행되는 e스포츠는 스트리밍 산업과 긴밀하게 연결되어 있다. 직접 소통을 통한 팬 관리뿐만 아니라 많게는 수십만 시청자를 대상으로 광고 효과까지 톡톡히 누릴 수 있기 때문에, 많은 프로팀에서 선수들에게 일정 시간 스트리밍을 하도록 요구한다.

프로게이머의 생활

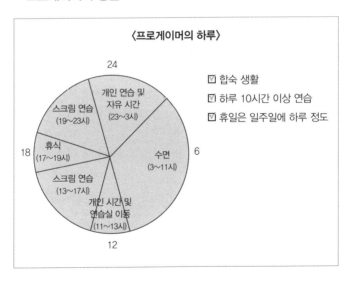

〈프로게이머의 하루〉

24
개인 연습 및 자유 시간 (23~3시)
스크림 연습 (19~23시)
휴식 (17~19시)
스크림 연습 (13~17시)
개인 시간 및 연습실 이동 (11~13시)
수면 (3~11시)
18
6
12

☑ 합숙 생활
☑ 하루 10시간 이상 연습
☑ 휴일은 일주일에 하루 정도

• 　스트리밍: 트위치, 아프리카TV, 유튜브, 카카오TV 등과 같은 동영상 기반 플랫폼에서 실시간으로 인터넷 방송을 송출하는 행위

NBA농구선수 줄리어스 어빙(Julius Erving)은 말했다. "프로가 된다는 것은, 당신이 하고 싶은 모든 일을 당신이 하고 싶지 않은 날에 하는 것"이라고. 즐거움을 주던 게임이 의무이자 노동이 되면 어떨까? 프로게이머의 하루는 아침에 눈을 떠 잠자리에 들 때까지 연습 또 연습의 반복이다.

프로게이머는 보통 합숙 생활을 한다. 합숙 여건은 팀마다 다르다. 리그 오브 레전드 같은 인기 종목의 1부 리그 팀은 생활에 필요한 모든 것이 지원된다. 청소나 빨래, 식사 등이 제공되고, 별도의 연습 공간에서 선수들은 그야말로 게임에만 집중할 수 있다. 하지만 2부 리그나 비인기 종목 팀은 식사와 숙소 이외의 생활은 자체적으로 해결하는 경우가 많다. 여건이 좋든 나쁘든, 가족과 떨어져 24시간 내내 동료 선수들과 함께 생활하는 것은 쉬운 일이 아니다. 선수가 자신의 성장에 집중하며 합숙 생활에 익숙해지는 것 외에는 방법이 없다.

프로게이머의 본격적인 하루는 정오 즈음 시작된다. 각자의 컨디션에 따라 다르지만, 개인 연습을 하느라 새벽 늦게 잠자리에 든 선수들은 보통 11시 전후에 기상한다. 식사를 하고 훈련 일정에 맞추어 연습실로 간다. 공식 훈련 전까지는 게임 영상을 보거나 개인 연습을 하며 워밍업 한다. 팀마다 훈련 일정이나 방식은 조금씩 다르지만 일반적으로 코칭스태프가 구성한 스크림* 일정에 맞추어 팀원이 함께 연습한다.

연습 분위기는 팀별로 천차만별. 정규리그 시합에 나간 것처럼 사담 한 마디 없이 진지하게 경기하는 팀이 있는가 하면, 쉴새없이 농담을 하며 자유로운 분위기에서 훈련하는 팀도 있다. 본질은 연습 경기이기 때문에, 스크림 결과가 정규리그 시합 결과와 일치하지 않는다. 하지만 본선에서 활용할 전술·전략을 시험해 보고 몸에 익혀 기량을 닦는 과정으로, 주전 멤버가 아닌 선수는 스크림에서의 활약이 출전 기회로 이어지기도 한다. 스크림이 끝나면 피드백을 진행한다. 피드백 시간에는 연습에서 드러난 선수의 약점이나 나쁜 버릇을 잡아 주고 팀 전략을 수정하기도 한다.

이렇게 서너 시간의 연습이 끝나면 어느새 오후다. 이른 저녁을 먹고 잠시 휴식 시간을 가진 후 연습으로 복귀한다. 보통 밤 11시까지 이어지는 연습을 다시 한 번 반복하면 공식적인 훈련은 끝이다. 하지만 여기까지만 하고 숙소로 돌아가는 선수는 없다고 봐도 무방하다.

- 스크림(Scrim): 미식축구나 농구의 연습 경기를 뜻하는 영어단어 Scrimmage의 줄임말로 팀 간 약속된 연습 경기를 일컫는 말.

야식을 먹고 잠깐 휴식을 취한 뒤 개인 연습에 돌입한다. 선수에 따라 게임 스트리밍 방송을 하거나 해외 선수들과 연습 게임을 하기도 한다. 개인 연습은 새벽 3~4시는 되어야 온전히 끝난다. 이런 일상을 경기가 없는 매일매일 반복하기 때문에 선수들이 스스로 컨디션을 관리하는 것이 무엇보다 중요하다. 휴일은 보통 일주일에 하루 정도인데, 시즌에 경기 일정이 이어질 때는 쉬지 못하기도 한다.

정규리그 경기가 있는 날은 모든 포커스를 시합에 맞춘다. 최상의 컨디션을 유지하여 팀원이 함께 경기장으로 향한다. 코칭스태프와 마지막으로 전략을 되짚은 다음 무대로 올라선다. 얼마나 열심히 연습했는지는 중요하지 않다. 프로는 경기 결과로 보여 줘야 한다. 경기가 끝나면 완전히 녹초가 되지만 이기든 지든, 경기가 끝나면 다시 연습실로 향한다. 방금 끝낸 경기 영상을 코칭스태프와 함께 복기하며 남아 있는 시합에 대비하기 위해서다.

리그 내에서 좋은 성적을 얻기 위해, 상위 리그로 올라가기 위해, 국제 대회에 나가기 위해, 국제 대회에서 우승하기 위해서는 한 경기 한 경기가 중요하다. 결국 한 번의 승리를 위해 극한의 스트레스와 끝없는 연습을 견디는 것이 프로게이머다.

리그가 운영되지 않는 시기를 비시즌 기간이라 부르는

데, 게임 종목마다 리그 개수 및 기간에 따라 각기 다르다. 비시즌에는 선수들에게 휴가가 주어진다.

프로게이머 연봉 수준

2018년 기준, 리그 오브 레전드 LCK리그 소속 프로게이머의 평균 연봉은 1억 7,558만 원이다.[*] 연 2~5천만 원의 연봉을 받는 선수 비율이 37.2%로 가장 높고, 연 5억 원 이상의 연봉을 받는 선수도 4.7%에 달하는 것으로 나타났다. 현재 리그 내 최고 스타로 손꼽히는 이상혁(닉네임 '페이커') 선수는 연봉이 30억 원을 훌쩍 뛰어넘는 것으로 추정된다. 프로게이머 평균 연령이 20대 초반인 점을 감안하면, 어린 나이에 상상하기 힘든 거액의 수입을 얻는다.

하지만 이런 수치는 국내에서 가장 인기 있는 게임의 최상위권 프로게이머 연봉이라는 사실을 잊어서는 안 된다. 단적인 예로 리그 오브 레전드 2부 리그 프로게이머 평균 연봉은 약 2천만 원으로 1부 리그의 13% 수준이다. 많은 사람들에게 인기 있는 게임인 오버워치나 배틀그라운드 종목도, 국내에서 활약하는 프로게이머들의 평균 연봉 수준

* 한국콘텐츠진흥원. (2018년 12월). 2018 이스포츠 실태조사

은 낮으며 대회 상금 분배에 의존하는 편이다. e스포츠도 다른 스포츠 종목이나 연예계와 비슷하다. 일반 대중이 접하는 것은 결국 소수 스타플레이어의 화려한 모습일 뿐, 프로게이머 데뷔 이후에 어려운 생활을 하다 쓸쓸히 은퇴하는 선수도 있다.

물론 훌쩍 성장한 e스포츠 산업 규모에 맞추어 프로게이머의 대우와 연봉이 전반적으로 향상되었다. 프로게이머 처우 개선을 위한 업계의 노력도 지속적으로 이루어지고 있다. 리그 오브 레전드 제작사인 라이엇게임즈가 프로게임단에 연봉 보조금을 지원하거나, 오버워치 제작사인 블리자드에서 리그 참가 선수들의 최저 연봉(5만 달러)을 보장하는 제도를 도입한 것이 좋은 예이다. 연봉과 상금에만 집중되던 예전과 달리, 스트리밍 방송 규모가 커지면서 선수들은 이를 통해 수입을 창출하는 등 수익원도 다양해지고 있다. 또한 연봉 수준이 높은 해외로의 이적도 활발해져, 능력 있는 선수들이 충분한 보상을 받는 기회가 늘고 있다.

프로게이머 장단점

프로게이머에게 직업의 장점을 물으면 **좋아하는 일을 업으로 삼을 수 있다는 점**을 가장 많이 꼽는다. 물론 취미로 즐길 때와 일로 접하는 게임이 같을 수는 없다. 하지만 우리는 남이 시켜서가 아니라 스스로 재미에 이끌려 게임을 한다. 가장 즐겁고 흥미 있는 일, 게임을 하면서 돈을 벌 수 있다는 것은 프로게이머만이 가질 수 있는 특권이다.

두 번째는 **특별한 경험을 할 수 있다**는 점이다. 또래들보다 사회에 한발 앞서 진입한다. 성공적인 커리어를 쌓는다면 억대 연봉과 함께 명예와 스포트라이트도 받을 수 있다. 나의 플레이를 좋아하고 응원하는 팬이 생기고, 노력으로 그 기대에 부응할 수 있다는 것은 짜릿한 일이 아닐 수 없다.

e스포츠 산업이 지속적으로 성장 중이라는 것도 큰 장점이다. 국내 시장 규모는 물론이고 글로벌 e스포츠 산업 규모도 폭발적인 성장세를 보인다. 이는 프로게이머 수요 증가는 물론, 은퇴 후에 선택할 수 있는 진로도 많아짐을 뜻한다. 북미, 중국, 유럽 등 해외로의 진출도 활발해지고 있어, 영입 경쟁으로 인해 프로게이머의 대우도 좋아지고 있다.

반면 '이 직업을 나중에 자녀에게 추천하겠나'라는 질문에 많은 프로게이머가 선뜻 그렇다고 답하지 못한다. 많은 프로 스포츠가 그렇겠지만, 프로게이머로 살기 위해서는 일상에서 포기해야 하는 것이 많다. 가족과 떨어져 합숙 생활을 해야 하는 것은 기본이다. 경기와 연습만으로도 일정이 빡빡하여 학업과 병행하기란 불가능에 가깝다. 또래 친구들이 누리는 일상과 교우 관계는 물론 학창시절만의 추억도 포기해야 한다는 뜻이다. 정해진 스케줄에 따라 매일 같은 자리에서 똑같은 게임을 연습하며 **개인 시간과 자유가 없는 생활**을 감수해야 한다.

엄청난 스트레스와 중압감을 버텨야 한다는 사실도 단점으로 꼽힌다. 프로게이머는 성과로 모든 것을 보여 줘야 한다. 실적이 좋지 못하면 팀 내 주전 자리에서 밀려나거나 방출된다. 상대팀과는 물론 같은 팀 내에서도 경쟁해야 한다. 끝없는 경쟁에서 오는 피로와 부담감은 일상이다. 일에서 스트레스를 가장 많이 받는 직업으로 프로게이머가 꼽힌다는 사실[*]도 이를 뒷받침한다.

또 다른 단점으로는 **직업 수명이 짧은 편**이라는 것이다. 두뇌 회전과 순발력이 중요한 스포츠인 만큼, 뇌 활동이 최절정에 이르는 20대 초반이 지나면 경기력 저하 등을 이유로 많은 선수가 은퇴한다. 꾸준히 좋은 기량을 보이며 전성기를 유지하는 선수도 있지만 여전히 e스포츠계에서 20대 후반의 프로게이머를 만나는 일은 흔치 않다.

---

[*] 한국고용정보원. (2018년 12월). 2017 한국의 직업정보 연구보고서

내 기량과 상관없이 은퇴가 찾아오기도 한다. 이는 e스포츠의 특성에 기인하는데, 시장에서 게임의 인기가 시들해지면 리그 규모가 줄거나 리그 자체가 없어지기도 한다. 혹은 패치(업데이트)로 인해 게임의 메타*가 조금씩 바뀌기도 하는데, 이에 잘 적응하지 못하면 상위권이던 선수가 힘을 못 쓰고 밀려나기도 한다. 게임 규칙이 거의 바뀌지 않는 축구나 야구와 비교한다면 선수들에게 불안 요소이기도 하다.

프로게이머 전망

프로 스포츠 선수의 전망은 종목의 인기와 직결된다. e스포츠는 10대와 20대의 주류 문화로 자리 잡았고 대중성 또한 확장되는 추세이다. e스포츠가 '2018년 아시안게임' 시범 종목으로 채택되면서 위상도 높아졌다. 이에 따라 e스포츠 산업 중심에 있는 프로게이머에 대한 관심과 인기도 폭발적으로 늘고 있다. 하지만 직업 전망이 밝을수록 경쟁 역시 치열하다.

• 메타(Meta): 가장 효율적인 게임 전략(Most Effective Tactic Available)의 줄임말로 현재 게임의 플레이 경향 혹은 패러다임을 일컫는 말

프로게이머

　e스포츠와 프로게이머라는 직업의 수요가 늘고 있다는 점은 분명하다. 새로운 게임이 계속 등장하고, 그중에서 대중성과 게임성을 갖춘 게임들은 e스포츠화 될 것이다. 어떤 게임에서 프로게이머 수요가 발생할지, 그 종목의 인기와 수명은 어느 정도일지 예측하고 준비하는 것이 필요하다. 현재까지 e스포츠화에 성공한 게임 장르는 RTS, AOS나 FPS 유형에 집중되었다. 프로게이머를 꿈꾼다면 자신 있는 장르를 선정해 준비하고, 장르 내에서 유연하게 게임 종목을 변경하는 것도 하나의 방법이다.

　프로게이머 은퇴 이후 다양한 진로가 열린 것도 청신호

이다. 과거에는 은퇴 후 국내 게임팀 감독과 코치 정도로 진로를 정하고 수요 역시 매우 한정적이었다면, 현재는 한국인 코칭스태프에 대한 수요가 세계적으로 많아져서 해외 진출이 가능하다. 이외에도 스카우터, 분석가, 해설가, 아카데미 강사 등 프로게이머 경력에서 이어갈 수 있는 직업 범위가 넓어졌다. 최근에는 스트리머와 프로게이머의 경계가 허물어지면서 스트리밍과 영상 콘텐츠로 큰 수익을 올리는 프로게이머 출신 엔터테이너들이 생겼는데, 이 역시 유망한 진로다. 글로벌 무대에 대한 준비와 e스포츠 흐름에 대한 분석력을 갖춘다면 세계화·다변화되는 e스포츠 산업에서 프로게이머로서 다양한 기회를 포착할 수 있을 것이다.

프로게이머가
되려면?

프로게이머 필요 역량

① 게임 플레이 능력

　게임 플레이 능력은 일정 단계까지는 연습과 훈련을 통해 기를 수 있지만, 노력만으로 불가능한 부분도 분명히 있다. 다른 예체능 분야와 마찬가지로 일정 경지에 도달하기 위해서는 타고난 감각과 재능이 필요하다. 구체적으로 '**피지컬**'이라 불리는 신체 능력과 '**뇌지컬**'이라 불리는 전략적 사고 능력을 꼽을 수 있다. 피지컬은 손 빠르기, 반응 속도, 정확도, 동체 시력 등 물리적인 게임 컨트롤 능력을 말한다. 서구권에서는 기능을 뜻하는 '메카닉(mechanics)'이라는 단어로 불리는데, 선천적으로 타고나는 측면이 강하고, 20대 중반을 넘어서면 기능이 크게 떨어진다고 알려졌다. 반

게임 화면

면 뇌지컬은 게임 아이템이나 지형지물에 대한 이해 및 활용, 심리전, 판단력과 이를 종합해 게임에 적용하는 사고력을 뜻한다. 게임이 오랜 기간 사랑을 받을수록 다양한 이론들이 연구되고, 게임운영 전략들이 정형화된다. 그러면 표준화된 전략에 대한 파해법*이 새로 나오거나 게임회사에서 업데이트 패치를 단행한다. 단순히 피지컬 기량 유지를 위한 반복 연습뿐만 아니라, 지속적으로 새로운 전략을 연구하고 공부해야 하는 이유이다.

●　파해법: 전략이나 전술, 상황 따위를 돌파하는 수단이나 방법

② 자기 관리 능력

게임 플레이 능력이 프로게이머가 '되기' 위한 핵심 역량이라면, 자기 관리 능력은 프로게이머로서 커리어를 '유지'하는데 필요한 역량이다. 연습을 통해 기량을 갈고 닦고, 경기에서 패했을 때 받는 스트레스를 잘 해소하는 것도 모두 포함한다. 경기 외적인 부분도 관리가 필요하다. 프로 선수로 활동한다는 것은 곧 소속팀(혹은 회사)의 얼굴이 되는 것을 뜻한다. 대중에게 노출되는 만큼 잘못된 행동으로 구설수에 오르기도 쉽다. 대회나 스트리밍 방송에서 욕설을 하거나 팬들에게 무례하게 대하는 행동은 결국 선수의 평판 하락으로 이어진다. 불필요한 가십거리를 만들지 않기 위해서는, 일상생활에서부터 바른 태도와 언어 습관을 몸에 지니는 것이 중요하다.

③ 소통 능력

팀 게임이 주를 이루는 e스포츠 트렌드를 감안할 때, 경기에 승리하려면 개인 역량 이상으로 팀의 시너지가 중요하다. 선수들 간의 교감이 팀워크로 이어진다. 합숙 생활에서 갈등이 깊어지면 경기에도 영향을 미칠 수 있다. 팀원들이 서로 배려하고 지속적으로 커뮤니케이션해야 갈등을 막을 수 있다. 감독이나 코치와의 관계도 마찬가지다. 경기 결과에 대한 코칭스태프의 피드백과 충고를 유연하게 받아들이고, 힘든 부분이나 고민이 있다면 적극적으로 소통해야 한다.

프로게이머가 되는 방법

프로게이머가 되는 가장 일반적인 방법은 **프로 게임팀 스카우트 선발**이다. 온라인으로 진행되는 게임은 모두 시스템에 기록이 남는다. 이렇게 누적된 전적을 바탕으로 플레이어들의 순위(랭크)가 매겨진다. 이 랭킹에서 최상위권 성적을 유지하며 이름을 알리면 프로팀으로부터 게임 내 메신저를 통해 연락이 온다. 테스트를 통해 기존 선수들과의 합 등을 평가한 후 영입이 결정된다.

장소의 제약이 없는 e스포츠 특성상 최상위권 아마추어는 프로들과 게임에서 대결할 기회가 종종 생긴다. 간혹 같이 경기를 한 프로게이머가 같은 팀 혹은 상대 팀 플레이어를 눈 여겨 보고 팀에 추천하기도 한다. 또한 스카우트 이전에 팀 선수들에게 평판을 물어보는 경우도 있으니, 프로게이머를 목표로 하는 최상위권 아마추어는 이를 염두하고 연습에 임하기를 권한다.

프로 게임팀 공개 모집에 지원해 연습생으로 입단하는 방법도 있다. 프로팀에서는 필요에 따라 리그가 끝나는 시기에 연습생을 모집한다. 일정 이상의 게임 실력(랭킹, 점수 등 객관화 된 수치)을 자격 요건으로 하고, 나이 제한을 두는 경우도 있다. 모집 절차는 팀마다 다른데, 보통 간단한 서류심사를 거쳐 온라인·오프라인 테스트 및 면접을 통과해야 한다. 최종 선발이 되면 프로팀에 소속되어 연습생 신분으로 합숙하며 주어진 훈련 일정을 소화한다. 연습생이 되었다고 자동적으로 프로게이머가 되는 것은 아니다. 소위 명문이라고 불리는 프로팀일수록 경쟁은 더욱 치열하다. 훈련 기간 동안 뛰어난 기량을 보인 소수의 연습생만이 경기 출전 명단(로스터roster)에 등록되어 프로게이머로 데뷔할 수 있다.

마지막으로 **아마추어 대회에 출전하는 방법이 있다.** 큰 대회 경기에서 활약하면 프로팀에서 스카우트 제의를 받거나, 입상 경력을 활용해 프로팀 연습생 선발에서 우대를 받을 수 있다. 아마추어 대회는 PC방 대회 등 작은 규모부터 게임회사, 방송사에서 주최하는 큰 규모까지 다양하며, 특히 국내 e스포츠 진작을 위해 '대통령배 아마추어 e스포츠 대회*'도 매년 전국 단위로 개최된다.

---

* 　대통령배 아마추어 e스포츠 대회(KeG): 문화체육관광부가 주최하는 아마추어 e스포츠 대회로, 보통 지역예선(4~6월)-지역본선(7월)-전국결선(8월) 일정으로 진행

아마추어 대회 중 프로리그 예선 성격의 대회(일종의 아마추어리그)가 있는데, 여기에서 우승하는 것도 프로게이머가 되는 방법이다. 개인 종목의 경우 프로리그 본선에 진출함으로써 프로게이머로 데뷔할 수 있다. 팀 종목의 경우 팀을 별도로 구성하여 하위 리그 예선을 통과하면 프로 타이틀을 얻는데, 경쟁이 치열해 프로게이머가 되는 방법 중 가장 어렵다고 평가받는다.

이외에도 e스포츠 에이전트를 통해 상대적으로 데뷔 문턱이 낮은 해외 팀으로 바로 진출하는 등의 다양한 방법이 있다. 프로 세계에 입문하는 과정이 전에 비해 다변화된 만큼, 실력 있는 지망생의 경우 프로게이머에 좀 더 수월하게 진입할 수 있다.

홍민기(닉네임 '매드라이프') /
전(前) 리그 오브 레전드 프로게이머(CJ 엔투스),
현(現) 트위치 스트리머, 리그 오브 레전드 분석가

처음 오프라인 대회에 출전할 때에는 내 게임 실력이 어느 정도인지 가늠해 보자는 가벼운 마음이었다. 운이 좋게도 성적이 잘 나와서 결승전까지 갔고, 합숙을 해 보자는 제안을 받았다. 당시 리그 오브 레전드는 한국에 정식 서비스를 시작하지 않아 북미 서버에서 게임하던 때였다. 앞으로 정식 대회가 열릴지 조차 모르고, 스타크래프트처럼 프로게이머로 가는 길이 잘 닦여 있지도 않았다. 그때 나이 열아홉 살, 미래에 대해 한참 생각하던 시기였다.

고민이 되었다. 어릴 때부터 게임 경기를 많이 보며 자랐고, 멋있는 플레이를 하는 프로게이머에 대한 막연한 동경도 있었다. 결국 그 마음이 갈림길에 서 있던 나를 이끌었다. 2011년, 프로게이머 '매드라이프'의 시작이었다.

모든 순간에서 중심을 잡아야 하는 것은 '나'

프로게이머가 되기 전까지는 이 직업에 대해 깊게 생각할 수 없었다. 정보도 많지 않고 내용도 한정적이었기에 '프로게이머는 그냥 게임 연습 열심히 하고, 대회에 나가는 것' 또는 '게임 실력 좋은 사람이 잘하는 것'이라고만 생각했다. 막상 경험해 보니 많이 달랐다. 대회에서 한 경기를 이기기 위해 쳇바퀴 돌듯 연습하고, 성적에 대한 중압감으로 늘 스트레스가 극한에 달한 것이 프로게이머의 생활이었다.

선수로 활동할 때는 과묵하다는 얘기를 많이 들었다. 의식적으로 얼굴에 표정을 많이 드러내지 않았다. 팀원들과 의사소통하고 게임하는 데 모든 것을 집중하기 위함이다. 경기장에 가서도 부스 밖을 보지 않았다. 응원하러 온 팬들이 많다는 것은 알지만, 이를 의식하는 순간 기대에 보답해야 한다는 부담감이 엄습하기 때문이다. 불필요한 압박을 걷어 내고 평정심을 유지하기 위해서는, 스스로 주체가 되어 '나의 게임'을 해야 한다.

선수 스스로 스트레스를 관리해야 하는 것도 이 때문이다. 나는 바람을 쐬거나 음악을 들으면서 스트레스를 천천히 내려놓는 타입이다. 물론 이것만으로 스트레스가 사라지지 않는다. 하지만 당장 해결을 하려고 하면 머리가 아프니, 마음을 진정시킨 후 문제에 다가선다. 혼자서 해결하기 어려운 부분은 코치님, 감독님과 상담하는 것이 도움이 되었다.

최고가 되기 위한 특별한 노력

프로게이머 세계는 경쟁이 치열하다. 특히 우리나라는 정말 최고가 아니면 살아남기 어려운 환경이다. 실력으로 증명해야 하는 프로 선수 입장에서, 개인 기량의 유지는 그야말로 생존과 직결된 문제이다.

가장 기본은 게임 연습이다. 빡빡한 선수 생활에도 쉬는 날은 분명히 있다. 하지만 게임을 놓으면 다시 감을 되찾는 데 일정 시간이 걸린다. 그래서 나는 휴일에도 연습을 온전히 놓지 않았다. 연습 중에도 절대적인 연습량을 채우는 것보다는 각 경기에서 얻을 수 있는 것에 집중했다. 승패가 확연히 기운 경기에서도 내 플레이 향상에 도움 되는 부분만 최대한 가져가려 했다. 그래야 불필요한 정신적 소모를 줄일 수 있다. 경기가 잘 풀리지 않아 연패가 이어질 때에는 무리해서 게임하지 않았다. 대신 방금 치렀던 경기 영상을 보며 피드백 했다. 패한 경기를 보는 것은 그 경기를 하는 것만큼이나 괴롭다. 하지만 자신의 플레이를 마주하고, 왜 못했는지 정확하게 분석해야만 한 걸음 발전된 나를 만들 수 있다.

이렇게 연습해도 충분하지 않다. 다른 선수들도 연습을 하기는 마찬가지이다. 똑같이 개인 연습을 하고, 똑같이 스크림을 하고, 똑같이 대회를 나간다. 그래서 플러스 알파가 필요하다. 내가 다른 사람들보다 앞설 수 있는 점이 무엇인지 고민해야 한다.

첫 번째로 나는 게임을 통계적으로 접근하려 했다. 이를 통해 새로운 챔피언이나 전술에 대한 부정적 인식이나 선입견을 부수려고 했다. 직감에 의존해서는 안 된다. 게임의 메커니즘과 설계를 분석한 기초에서 접근해야 한다. 어떻게 보면 게임 개발자를 믿고, 개발자의 의도를 찾아가며 플레이 하는 것이다.

두 번째는 나만의 차별화 포인트를 만들고자 했다. 2012년 무렵, 감독님은 "지금은 5초, 10초 단위로 계산해서 게임을 하지만, 나중에는 1초 단위로 게임이 바뀔 것이다"라는 얘기를 종종 했다. 당시에는 선수들이 상대편 선수의 주요 기술 사용 타이밍까지는 세세하게 체크하지 않던 시절이었다. 그래서 나는 시간이 날 때마다 챔피언별 기술의 쿨타임(재사용 대기 시간)을 달달달 외웠다. 게임에서도 상대편이 기술을 몇 분 몇 초에 사용했는지, 그래서 언제쯤 다시 사용할 수 있을지 파악하는 연습을 계속했다. 그렇게

'나만의 무언가'를 차근차근 만들었고, 그것이 모여 매드라이프의 플레이가 되었다.

외국에서 용병으로 생활한다는 것

북미팀에서의 활동은 새로운 세상을 경험하는 시간이었다. 기본적인 생활 패턴부터 국내와 달랐다. 대회 시간에 초점을 맞추어 모든 스케줄이 정해지는데, 한국 LCK리그가 오후 5시에 시작하는 반면 북미 LCS리그는 정오부터다. 그래서 아침부터 일정이 시작된다. 연습은 오전과 오후 각각 스크림이 진행되고, 저녁은 자율적으로 연습하거나 개인 시간을 보낸다. 경기 컨디션에 악영향을 미칠 수 있기 때문에, 한국에서는 필수인 새벽 개인 연습이 북미에서는 없다. 북미팀에서는 운동도 꼭꼭 챙겨서 한다. 보통 사람들과 낮밤이 비슷한 생활을 하고 공백 시간도 있어서 상대적으로 여유롭게 느껴졌다. 해외에서의 선수 생활은 국내에서 당연하게 받아들이던 것들을 다른 시각으로 생각해 보는 계기가 되었다.

어려운 점도 많았다. 당연히 첫 번째는 언어였다. 팀 게임이다 보니 의사소통이 무엇보다 중요한데, 처음 미국에 갔을 때는 영어를 전혀 하지 못했다. 팀에서 영어 레슨을 받으며 시작했는데 영어는 노력한 만큼 결과가 나오는 정직한 분야라는 생각이 들었다. 언어에 자신 있으면 걱정이 줄어드는 만큼, 이제 외국어는 선수에게 필수라고 생각한다. 그 외에도 미국은 땅이 넓다 보니 차가 없으면 외출이 어렵고, 음식도 적응하기 힘들었다. 어차피 미국으로 온 것은 성적을 내기 위해서이므로 생활에서의 불편함은 적응하려고 노력했다.

가장 힘든 부분은 따로 있었다. 게임 메타에 대한 인식 차이였다. 나는 지금 이 챔피언이 가장 좋다고 생각하고 이런 식으로 플레이 해야 한다고 생각하는데, "여기는 미국이고 미국 메타는 다르다. 이런 쪽이 승률이 좋다"라고 팀원과 의견이 부딪히곤 했다. 그 말을 받아들이고 적용하려 해도 플레이가 잘 되지 않았다. 역지사지로 외국인 용병이 한국팀에서 생활하면서 어떤 전술이 좋다고 어필한다면 나역시 온전히 받아들이기 힘들 거라고 생각하며 이해했다. 그들에게 나는 팀원이기 이전에 다른 나라에서 온 사람일테니까. 게임을 바라보는 문화와 가치관이 다르기 때문에 해외에 나가는 우리나라 선수들이 충분히 겪을 수 있는 문제이다. 어떤 식으로 소통하며 의견 차이를 줄여나갈지는 선수 각자가 고민하며 노력해야 할 과제이다.

은퇴 그리고 새로운 시작

프로게이머는 선수 생활 고비마다 고민의 시기가 찾아온다. 경기 결과나 팀의 성적이 좋지 않아 마음이 구덩이로 떨어질 때면 은퇴, 그리고 그 이후에 대해 생각하게 된다. 나 역시 마찬가지였다. 고민을 대신해 줄 사람은 없다. 은퇴를 결정하는 것도, 은퇴 이후를 대비하는 것도 온전히 선수의 몫이다.

아직도 '다시 프로게이머로 복귀할 계획은 없나'라는 질문을 종종 받는다. 나는 결정을 내리기 전에 고민을 많이 한다. 온전히 혼자만의 시간을 충분히 가지며 결정하여 아쉬움을 남기지 않으려 한다. 더 이상 프로 생활을 소화하지 못할 것 같다는 생각에 딱 여기까지가 맞다는 결심을 했다. 그 마음을 먹기까지 몇 개월이 걸렸다. 프로게이머가 된 것을 후회하지 않는 것처럼, 선수 생활을 은퇴한 것도 후회하지 않는다.

프로게이머로서 좋아하는 게임을 직업으로 삼아 그 과정에서 다양한 일을 경험하는 것은 재미있는 시간이었다. 답답하고 막막한 순간도 분명히 있다. 하지만 주어진 한계에서 내가 할 수 있는 것을 계속 찾아야 한다. 좋은 경기력을 보였을 때, 성적이 잘 나올 때, 응원하는 팬들이 생길 때, 내 자신에게 만족하는 과정이 계속 쌓이다 보면 '아, 프로게이머 하기 잘했다'라고 생각하는 날이 온다. 내게 프로게이머라는 직업이 그랬듯이.

선수로서는 은퇴했지만 방송인으로 e스포츠계에 남았다. 프로게이머 경험을 살려 시청자에게 이해하기 쉽게 게임을 알려 주는 가교 역할을 하고자 한다. 누구나 와서 볼 수 있는 방송, 게임을 모르는 사람이 봐도 알 수 있는 방송, 그런 방송을 만들고 싶다. 그래서 사람들이 게임, 그리고 e스포츠에 대해 보다 긍정적인 시야를 갖도록 기여하는 나를 꿈꾼다.

2. 프로게임단 코칭스태프

프로게임단
코칭스태프란?

뛰어난 역량과 개성을 가진 프로게이머가 있다면, 이들을 진정한 하나의 팀으로 만드는 사람들이 있다. 팀의 방향을 설정해 선수들을 이끄는 **감독과 코치, 지도진**을 통틀어 **코칭스태프**라고 한다.

e스포츠 경기가 시작되면 무대 위에는 프로게이머들만 남는다. 축구나 농구처럼 경기장 바로 옆에서 선수들에게 끊임없이 지시하고 교체나 타임아웃 카드를 내놓는 감독은 보이지 않는다. 그래서 자칫하면 e스포츠에서 코칭스태프의 중요성을 간과하기 쉽다. 하지만 스포츠가 고도화되고 전문화될수록 코칭스태프의 역할과 비중은 커지는데, e스포츠에서도 마찬가지이다.

코칭스태프가 하는 일

코칭스태프는 프로게임단에 소속되어 **경기를 위해 전략·전술을 수립하고 선수들의 멘탈과 생활 전반을 관리한다.** 선수들을 훈련하여 최고의 팀을 만들기 위함이다. 훈련 일정관리, 전략·전술 연구, 사무국과의 커뮤니케이션을 비롯한 코칭스태프의 모든 활동은 이 하나의 목표를 향해 이루어진다. 감독과 코치진은 각자의 역할에 따라 업무를 나누어 담당한다. 최근에는 e스포츠 시장의 규모가 커짐에 따라 코칭스태프 업무도 전문성에 따라 세분화하는 추세이다.

감독은 팀의 운영 기조를 세우고 이에 맞추어 선수단을 총괄 관리한다. '화려하고 공격적' 또는 '빈틈없이 안정적'인 팀 색깔을 만드는 것도, '스파르타식' 또는 '자유분방'한 연습 환경을 만드는 선택도 감독의 몫이다. 감독은 넓은 시야로 선수들에게 방향을 제시해야 한다. 업무 범위는 크게 경기 **내적인 부분**과 **외적인 부분**으로 나뉜다. 코치진과 함께 경기의 전략·전술을 수립하고 훈련 과정에서 이를 적용하는 것은 경기 내적인 부분이다. 경기 외적으로는 대회 일정을 포함한 스케줄 수립, 선수단 분위기 관리 같은 총괄 업무, 정보 수집 및 사무국과의 각종 회의 등 대외 업무를 한다. 여기에 더해 보통 사무국 업무인 언론과의 커뮤니케이션이나 선수 영입까지 하는 경우도 있다. 경기 내외 어느 쪽에 방점을 두는지는 팀마다 다르지만, 선수단을 이끌며 최종 의사결정을 내리고, 성과에 대한 책임을 지는 감독 본연의 업무는 차이가 없다.

코치는 경기 내적인 부분에 보다 집중한다. 감독을 보좌하며 **전술 분석, 선수 훈련 및 생활 관리**를 한다. 팀에 따라 여러 명의 코치가 있어 각기 다른 역할을 담당하는 경우도 많은데, 크게는 전략 코치와 육성 코치로 구분한다.

전략 코치는 경기에 대비하여 분석하고, 이를 바탕으로 전략을 짠다. 경기 메타나 팀 선수 역량에 대한 이해는 물론, 대회나 스크림을 통한 상대팀 정보 파악 및 분석이 기반이 되어야 그에 맞춘 전략 수립이 가능하다. 이를 위해 수십 편의 경기 영상을 돌려 보고 상대팀 선수의 개인 연습을 관전하는 것도 마다하지 않는다. 최근에는 경기 세부 데이터까지 계량화하여 분석에 활용하는 경우가 많은데, 이 역할을 '분석가'라는 직책으로 별도 구성하는 추세이다. 또한 선수 각각의 플레이를 지켜보며 안 좋은 버릇이나 실력에 대해 세세하게 조언하고, 선수마다 기량을 향상시키는 것 역시 코치의 중요한 업무이다.

육성 코치는 주로 연습생이나 2군 선수들의 훈련을 전담하며 기본기를 가르치는 역할을 한다. 자체적으로 운영하는 2군 팀이 있는 경우 이를 전담하여 예비 전력을 육성한다. 또한 아마추어 무대를 지속적으로 모니터링 하여 유망주를 영입하는 역할도 맡는다. 이를 전문적으로 수행하는 '스카우터'라는 별도의 직업이 생겨, 팀의 선수 발굴과 모집을 전담하는 경우도 있다.

이외에도 선수를 면담하거나 타 팀과의 스크림 스케줄을 잡는 등 **팀 전체를 관리하는 업무**는 감독 코치 구분 없이 진행한다. 특히 **선수와 신뢰 관계를 구축**하고 경기에 집중할 수 있도록 **동기 부여**하는 것은 코칭스태프의 가장 중요한 역할 중 하나이다. e스포츠는 멘탈스포츠(mental sports)로 분류될 정도로 선수의 심리 상태가 게임에 큰 영향을 미친다. 코칭스태프는 선수가 최고의 기량을 발휘할 수 있도록 신체뿐만 아니라 멘탈 관리도 세심하게 주의를 기울인다.

선수의 영입이나 방출과 같은 단장의 업무, 숙소 관리와 같은 사무국의 업무까지 코칭스태프가 하는 경우도 있다. 코칭스태프의 규모, 성향 등에 따라 업무 범위도 다양하고 서로의 역할에 경계를 두지 않는 경우도 많다. 보통 대외 업무를 감독이 포괄하고, 전략과 게임 내적인 부분을 코치진이 집중하여 담당한다.

코칭스태프 생활

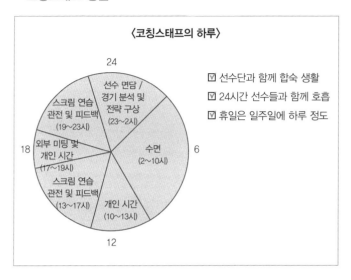

〈코칭스태프의 하루〉

24

선수 면담 / 경기 분석 및 전략 구상 (23~2시)

스크림 연습 관전 및 피드백 (19~23시)

외부 미팅 및 개인 시간 (17~19시)

18

스크림 연습 관전 및 피드백 (13~17시)

개인 시간 (10~13시)

수면 (2~10시)

6

12

☑ 선수단과 함께 합숙 생활
☑ 24시간 선수들과 함께 호흡
☑ 휴일은 일주일에 하루 정도

시즌 동안 코칭스태프는 선수들과 함께 일정을 소화한다. 코치는 보통 선수들과 숙소 생활을 한다. 팀에 따라 다르지만 감독도 합숙하는 경우도 있다.

코칭스태프의 일과는 선수들의 연습 스케줄을 중심으로 짜여 있다. 훈련이 시작되기 전에 연습실에 도착해 선수들의 컨디션을 살피고 연습 상대팀과 준비 상황을 다시 한 번 체크한다. 스크림이 진행되는 동안 경기 전체의 흐름과 선수 한 명 한 명의 플레이를 유심히 살펴본다. 스크림은 팀 간 전략·전술을 시험해 보는 전장임과 동시에 선수들의 약점과 상성을 확인할 수 있는 기회이기 때문이다. 스크림 경기가 끝나면, 플레이 중에 기록한 메모를 바탕으로 선수들에게 피드백 한다. 이때 선수들의 특성과 그날의 컨디션을 파악해, 그에 맞는 방식으로 피드백 하는 것이 중요하다.

스크림과 피드백을 하면 서너 시간은 금방 지나간다. 선수들이 저녁을 먹으며 휴식하는 동안 코칭스태프는 대외 업무를 본다. 불가피하게 스크림과 외부 일정 시간이 겹치는 경우 감독은 외부 스케줄을 소화하고, 코치가 훈련을 총괄한다. 저녁 식사 후에는 다시 스크림 일정이 이어진다. 공식적인 훈련은 보통 밤 11시쯤 마무리된다. 연습에 집중하지 못하거나 컨디션이 난조인 선수가 있으면 개별 면담을 하며 해결 방법을 고민한다.

훈련이 끝나도 코칭스태프에게 휴식은 아직 이르다. 종일 우리 팀 선수들의 플레이를 분석했다면 이제 해외 리그 경기를 보면서 새로운 전략이 있는지 체크하고 국내 다른 팀 경기도 분석한다. 이 모두를 종합하여 전략을 수정하고, 차후 훈련에서 보완할 부분을 코칭스태프끼리 논의하며 하루를 마무리한다.

코칭스태프는 휴일도 선수들의 훈련 일정에 맞춘다. 시즌 중에는 일주일에 하루 정도 휴일이 있지만, 리그가 종료된 비시즌에는 비교적 긴 휴가를 즐길 수 있다. 다만 이것도 팀에 큰 이슈가 없을 때 가능하다. 소속 선수의 이적, 방출 등의 이유로 선수단을 다시 꾸려야 할 경우 코칭스태프는 사무국과 함께 새로운 선수를 찾아 영입하고, 시즌에 대비해 새로 구성된 팀의 합을 맞추는 훈련으로 비시즌을 바쁘게 보낸다.

코칭스태프 연봉 수준

프로게이머와 마찬가지로 코칭스태프 연봉 수준은 속한 종목과 리그에 따라 편차가 크다. 게임의 인기가 많을수록, 속한 리그가 상위 리그일수록 연봉은 높게 책정된다. 그만큼 경쟁이 치열하다는 말이기도 하다. 코칭스태프 내에서도 일반적으로 감독이 코치보다, 코치진 내에서도 선임 역할을 하는 코치가 연봉을 더 많이 받는다.

국내에서 많은 사랑을 받는 메이저 e스포츠 종목들의 1부 리그 코칭스태프 기준, 연봉은 평균 5천만 원 내외로 형성되어 있다. 특히 국내에서 가장 인기 있는 리그 오브 레전드 종목의 경우, 인지도 높은 감독은 억대 연봉을 받는다. 연봉에 더하여 대회 우승에 따른 인센티브도 별도로 책정된다.

해외에서는 국내보다 대우가 좋다. 한국 코칭스태프는 팀의 프로 의식과 전략 수준을 끌어올려 주는 것으로 정평이 났다. 그래서 이들을 영입하려는 경쟁이 선수 이상으로 뜨겁다. 평균적으로 국내에서 받는 액수보다 몇 천만 원에서 1~2억 원 이상 높은 연봉을 받는다.

프로게이머와 마찬가지로 코칭스태프 역시 같은 종목, 심지어 같은 팀 내에서도 역량에 따라 대우가 천차만별이다. 하지만 최근 e스포츠 시장에서 코칭스태프의 위상이 많이 올라가고 해외에서의 수요도 늘어남에 따라, 능력이 있다면 충분히 좋은 대우를 받을 수 있다.

코칭스태프 장단점

감독과 코치는 e스포츠에서 최고 권위자라고 할 수 있다. 종목에 대한 높은 이해도를 갖추고 팀을 직접 이끄는 역할을 하기 때문이다. 때문에 성공적으로 경력을 쌓은 코칭스태프는 스타급 프로게이머 못지않은 **연봉과 명성**을 누린다. 게다가 직업 수명이 짧은 프로게이머에 비해, 코칭스태프는 **커리어를 지속적으로 이어갈 수 있다**는 장점이 있다. 게임의 인기에 따라 e스포츠 종목의 수명은 정해져 있지만, 코칭 경험이 곧 역량이 되는 코칭스태프는 종목을 넘나들며 오랜 기간 활동할 수 있다.

코칭스태프의 또 다른 장점은 자신의 능력을 바탕으로 변화를 주도할 수 있다는 점이다. 선수는 뚜렷한 스타일이 있어도 팀의 구성원이라는 한계가 있는 반면, 코칭스태프는 자신의 철학을 바탕으로 팀을 탈바꿈할 수 있다. 유망주였던 선수를 최고 수준으로 성장시켰을 때의 **뿌듯함**, 성적이 안 좋았던 팀을 발전시켜 뛰어난 성과를 거두었을 때의 **성취감**, 그리고 창의적인 전략으로 게임의 메타를 변화시키는 **영향력**은 코칭스태프라는 직업만이 가질 수 있는 매력이다.

물론 단점도 있다. 성과에 대한 **압박감과 스트레스**를 견뎌야 한다. 팀이 승승장구할 때는 주목받는 자리이지만, 기대에 못 미치는 성적을 낼 경우 구단주와 사무국, 팬 모두에게 엄청난 압박을 받는다. 실제로 많은 감독들이 불면증에 시달린다는 이야기를 할 정도로 큰 부담을 안고 생활한다.

직업적 안정성이 떨어진다는 것도 단점으로 꼽는다. 코칭스태프는 엄밀히 말하면 선수단의 성적을 향상시키기 위해 초빙된 단기계약직이다. 팀의 방향을 설정하고 이끄는 권한을 가진 만큼, 결과가 좋지 못하면 책임을 지고 교체되는 경우가 많다. 리그 오브 레전드 종목을 기준으로, 코칭스태프가 한 팀에서 일 년 이상 일할 확률이 절반이 채 되지 못한다는 사실은 이 직업의 불안정성을 보여 준다.

코칭스태프 전망

스포츠가 전문화될수록 코칭스태프의 중요성이 커진다. 특히 팀 대결 종목이 e스포츠의 중심으로 떠오르며 전략과 전술이 승패를 좌우하는 핵심이 되었다. 최근 코칭스태프의 몸값이 상승하는 것은 팀 승리에 이들이 끼치는 영향이 크다는 것을 보여 준다.

코칭스태프 내에서도 역할을 세분화하는 추세이다. 분석가나 스카우터 등 업무를 전문화하고, 게임 내에서도 각 포지션별로 전담 코치를 두기도 한다. 코칭스태프에 대한 수요는 앞으로 더욱 늘어날 것으로 예상된다.

이러한 경향은 해외에서 더욱 두드러져서 한국인 코칭스태프를 영입하려는 해외 프로게임단의 열기가 뜨겁다. 이는 우리나라 코칭스태프가 수준 높은 국내 e스포츠 리그에서 다진 노하우와 실력으로 해외 리그에서 좋은 성적을 냈기 때문이다. 코칭스태프의 해외 진출은 앞으로 더욱 활발해질 것으로 예상되므로, 외국어 능력을 갖추는 준비가 필요하다.

코칭스태프가
되려면?

코칭스태프 필요 역량

① 게임에 대한 이해도

게임 법칙을 이해하고 분석해 전략을 구성, 실행하는 사고력을 '게임 이해도'라고 하는데, 코칭스태프에게는 필수적인 능력이다. 프로게이머라면 기본적으로 갖추고 있는 역량이기 때문에, 코칭스태프 가운데에는 프로게이머 출신이 많다. 많은 코칭스태프는 여러 종목을 넘나들며 지도자 생활을 이어간다. 종목에 따라 각기 다른 메커니즘이 존재하기 때문에, 해당 종목에 대한 깊은 이해와 분석 역시 필수이다. 게임 이해도를 바탕으로 팀의 전략·전술을 수립하고, 이를 수정하며 최적화하는 과정에서 **분석적이고 전략적인 사고**가 필요하다.

② 커뮤니케이션 능력

코칭스태프는 직접 플레이를 보여 줄 수 없다. 이들의 전략과 전술은 선수를 통해서 발현된다. 선수가 코칭스태프의 지도를 믿고 따르기 위해서는 상호 간에 믿음이 쌓여야 하는데, 이때 소통 능력이 필수이다. 코칭스태프의 전략과 전술을 일방적으로 강요한다면 선수들은 반발하기 쉽다. 선수들이 어떤 생각으로 플레이하는지 고민하고 이해해야 한다. 선수 개인별 성격과 스타일을 파악하여 가장 적절한 방식으로 접근해야 효과적인 지도가 가능하기 때문에, 대인 관계 능력이 무척 중요하다.

이 역량은 꼭 선수와의 관계에만 국한되지 않는다. 사무국과 선수단 사이에서 코칭스태프는 중간자로서 가교 역할을 해야 한다. 미디어나 팬을 대할 때도 마찬가지이다. 사무국의 전폭적인 지지를 이끌어 내고, 선수들을 과도한 비난으로부터 보호해 좋은 분위기를 유지하는 데에도 코칭스태프의 커뮤니케이션 능력이 필요하다.

③ 장기적인 시야와 안목

직접 경기를 뛰는 선수들과 다르게 코칭스태프는 자신의 지도력을 바로 보여 주기 어렵다. 뛰어난 능력으로 최선을 다해 지도했더라도 선수들이 잘 따라오지 못해 팀 성적이 좋지 않으면 실력이 저평가된다. 그렇기 때문에 경기 하나

하나의 승패에 집착하기보다는, 장기적으로 계획하여 잠재력 있는 선수를 육성하고 팀을 정비하는 인내심이 필요하다.

코칭스태프가 되는 방법

코칭스태프는 프로게이머가 은퇴 후 희망하는 직업 1위로 꼽힌다.[*] 선수로서 자신의 강점과 경력을 활용하여 커리어를 이어갈 수 있기 때문이다. 실제로 많은 코칭스태프가 프로게이머 출신이다. 하지만 코칭스태프가 되는 길은 선수 출신일지라도 무척 좁다. 팀당 코칭스태프 숫자가 선수단 규모보다 훨씬 적기 때문이다.

코칭스태프 입문은 대부분 **코치직**으로 시작한다. 커리어가 뛰어나거나 게임 이해도가 높은 프로게이머는 **은퇴 이후 팀으로부터 영입 제안**을 받아 코치가 되는 경우가 일반적이다. 특히 경기 전체를 보는 시야를 가지고 팀 오더(전술 명령)를 내리는 역할을 하던 선수를 코치로 선호한다. 제안을 받지 못하더라도 방법은 있다. 프로팀은 비정기적으로 팀 홈페이지나 SNS를 통해 코칭스태프 모집 공고를 내는데, 이때 **직접 지원**하면 된다. 선수 시절에는 빛을 보지

---

* 한국콘텐츠진흥원. (2018년 12월) 2018 이스포츠 실태조사

못했지만 뛰어난 분석과 지도력으로 코치로서 성공하는 케이스는 대부분 이 방식으로 시작한다. 코치들 중에는 선수 출신 비율이 높은 편인데, 게임 이해도가 높을 뿐 아니라 선수 심리에 대해 쉽게 이해하고 공감할 수 있기 때문이다.

반면 감독직은 조금 얘기가 다르다. 경기 분석력뿐만 아니라 선수단 관리 능력과 장기적인 팀 운영 능력이 요구되기 때문에, 해당 종목 선수 출신만 우대하진 않는다. 특히 새로운 게임이 e스포츠 종목으로 시작되는 경우 해당 게임 이해도가 높은 경력자가 많지 않기 때문에, 경력이 뛰어난 타 종목 출신 코치 혹은 운영에 특화된 인재들이 영입되기도 한다. 실제로 현재 프로 e스포츠 무대에는 사무국 경력자나 기자 출신의 감독이 많은 비중을 차지한다. 감독의 경우 코치직과 다르게 공개 채용이 아닌 **팀 내 선임코치의 승격**이나 **외부 인재 영입**을 통해 선임되기 때문에 입문 방법이 명확하게 열려 있지 않다. 감독을 꿈꾼다면 e스포츠 업계 내에서 탄탄한 경력과 평판을 쌓으며 코칭에 필요한 능력을 함께 준비할 필요가 있다.

박준현 /
현(現) 오버워치 감독(GC Busan Wave),
부산 e스포츠협회 협회장

　게임을 좋아하는 사람은 누구나 그렇듯이, 나도 어린 시절 프로게이머를 꿈꿨다. 스타크래프트를 누구보다 좋아했고, 프로를 목표로 할 만큼 잘했다. 결국 프로게이머가 되지는 못했지만, 게임은 취미로 나와 늘 함께였다.

　나이가 들고 제법 안정적인 삶으로 접어들던 때, 여느 날처럼 오버워치 게임을 하다 어린 학생 한 명을 알게 되었다. 상위 1% 이내의 게임 등급을 가진 그 친구는 어린 시절의 나처럼 프로게이머를 목표로 하고 있었다. 이 친구의 꿈을 이루어 주고 싶다는 생각, 그것이 내 안에 오래 잠들어 있던 꿈을 다시 깨웠다. 감독으로의 여정이 처음 시작되는 순간이었다.

팀의 리더로 선수들의 꿈까지 책임지다

팀을 만들기 위해 먼저 온라인, 오프라인으로 오버워치 대회를 열었다. 거기에서 좋은 팀원들을 선발하여 현재 GC 부산 웨이브라는 팀이 만들어졌다. 많은 사람들의 눈에는 무모해 보이는 일이었을지도 모른다. 하지만 우리 팀은 오버워치 e스포츠의 가장 아래 단계인 세미프로리그에서 시작해 프로리그까지 올라갔다.

프로 무대로 올라가기 위한 마지막 관문, 최종전 경기 날이 아직도 생생히 기억난다. 상대는 막강한 프로리그 소속 팀이었다. 모두가 우리의 패배를 예측했다. 모든 것이 걸려 있던 그 경기에서 우리 팀은 예상을 깨고 3:1로 승리했다. 경기 내내 서 있기도 힘들 정도로 긴장했던 나는 팀원들과 함께 눈물을 펑펑 쏟으며 기뻐했다. 살아오면서 언제나 스스로 내 운명을 결정지었는데, 이날 만큼은 선수들에 의해 프로팀 감독이 되었다.

감독은 팀이 나아가야 할 방향을 잡는 리더이다. 경기 전반을 풀어나갈 전략을 제시하는 역할과 선수 한 명 한 명의 성격과 성향, 선수들 간의 관계, 게임 외적인 부분까지 조율하고 대화해야 한다. 어떻게 하면 선수들에게 더 동기부여하고, 소통할지는 내가 이 일을 끝내는 날까지 풀어야 할 숙제이다. 감독은 대가족의 가장처럼 모두를 이해하면서 또 이끌어나가야 하는 사람이기 때문이다.

나는 아직 결혼을 하지 않았지만, 선수들을 보면 부모님의 마음이 이런 게 아닐까 자주 생각한다. 새벽 4시까지 경기 분석을 마치고 잠이 들어도 아침 7시면 눈이 떠지는 이유는 단 하나다. 어린 나이에 모든 것을 포기하고 자신의 꿈을 위해 노력하는 친구들에게 내가 힘이 되어야 하기 때문이다. 모든 부모님의 마음이 그렇듯이, 선수들의 성장을 지켜보는 매일 매일이 가장 큰 보람이다.

감독으로 e스포츠 비즈니스의 미래를 그리다

오버워치 종목은 사무국과 감독을 겸임하는 경우가 많다. 나 역시 제안서를 만들어 스폰서십 미팅을 하고, 리그 종목사와 대회 운영사, 에이전시 등 다양한 관계자와 만난다. 심지어 고등학생인 선수를 위해 학교 공문을 만드는 등 사소한 업무까지 책임진다. 이러한 업무는 시간과 수고가 많이 들지만, 우리 선수들이 게임에만 집중할 수 있는 환경을 만들기 위해서 마다하지 않는다.

사실 e스포츠 초기에는 이 세계를 바라보는 시선이 차가웠다. 집에서 분석을 위해 경기를 보고 있으면 부모님마저 나이가 몇인데 게임을 보고 있냐며 걱정하실 정도였다. 하지만 요즘은 e스포츠에 대한 인식이 눈에 보이게 개선되었다. 한국에 국한되던 e스포츠가 세계로 확장하며 그 규모와 위상에서 많은 사람들의 인정을 받고 있다. 요즘은 제안서를 들고 찾아갔을 때, 나이가 있는 분들도 e스포츠를 알고 계셔서 대화가 편해지는 수준까지 왔다.

관심이 늘었다는 것은 가장 중요한 변화이다. 지금은 제약회사의 임상실험을 기다리듯 e스포츠가 어떻게 성장하고 꽃피울지 많은 비즈니스 관계자들이 지켜보는 단계라고 느껴진다. e스포츠 산업 종사자들의 적극적인 움직임과 팬들의 관심이 더해진다면 e스포츠의 성장은 더 빠를 것이라 확신한다.

e스포츠 산업의 내일을 위하여

워낙 도전을 좋아하는 성격이라 어릴 때부터 여러 가지 일을 하며 자랐다. 하지만 동시에 금방 열정이 식기도 했다. 그런 내가 평생 하고 싶은 일을 e스포츠에서 찾았다. 처음 e스포츠 업계에 뛰어든 이유가 그랬듯이, 나는 선수들에게 새로운 기회를 주고 멋진 내일을 함께 만들어가고 싶다.

이는 한 게임단만의 좋은 성적과 노력보다는, e스포츠 산업 전반의 성장이 뒷받침되어야 가능하다. 감독직만으로도 정신없이 바쁘지만 부산e스포츠협회를 만들어 협회장을 맡은 것도 이러한 생각 때문이다. 우리 선수들의 대우와 사회적 인식을 개선하고, 은퇴 이후의 커리어 연계를 고민하는 것, 무궁무진한 e스포츠의 가능성을 키워나가는 것을 나의 소명으로 삼았다.

혼자서는 이루기 어려운 목표임을 잘 안다. e스포츠에 종사하는 관계자들과 함께 고민하고 다방면으로 무수한 시도를 해야 한다. 무엇보다 e스포츠와 선수들을 사랑하는 팬의 역할도 중요하다고 생각한다. e스포츠를 즐기는 우리나라의 많은 팬들이 경기장에 찾아와 더 많이 참여하고, 즐기고, 목소리를 낸다면 e스포츠는 지금보다 훨씬 빠르고 탄탄하게 성장할 것이다. 그렇게 된다면, 내가 그리는 미래도보다 빨리 만날 수 있지 않을까 기대한다.

배지훈(닉네임 'SBS') /
전(煎) 리그 오브 레전드 프로게이머(제닉스 스톰),
현(現) 리그 오브 레전드 전략 코치(팀다이나믹스)

시즌 중 가장 중요한 경기를 앞둔 새벽, 감독님과 함께 상대팀 경기를 수없이 분석했다. 리그 오브 레전드 종목에서 밴픽˙은 경기 전체의 판을 미리 설계하는 단계이다. 선수들이 유리한 상황에서 경기할 수 있도록, 밴픽을 비롯한 경기 전략을 짜는 것이 코칭스태프의 가장 중요한 역할이다. 수십 가지의 시나리오를 설명하고 선수들과 토론하여 결정된 최종 전략, 마지막으로 중요한 포인트를 되짚고 함께 파이팅을 외치며 늦은 밤을 마무리한다.

● 밴픽(금지와 선택): AOS 장르 게임에서 플레이어당 상대방이 특정 캐릭터를 선택하지 못하도록 금지하거나 자신의 캐릭터를 선택하는 과정

프로의 뜨거운 무대를 잊을 수 없다

경기 무대에 한 번 섰던 선수는 그 열기를 쉽게 잊을 수 없다. 7년 전, 길지 않은 프로게이머 생활을 마치고 평범한 삶으로 돌아가려 했다. 바리스타 일도 시작해 보았다. 하지만 경기장에서의 기억은 지워지지 않았다. 결국 다시 e스포츠 현장으로 돌아가기 위해 코치에 도전하기로 결심했다.

먼저 해외 메이저리그 경기들을 보며 공부를 시작했다. 전략 분석부터 현재 메타의 흐름을 읽는 연습으로 다시 감을 되찾았을 때, 본격적으로 도전장을 내밀었다. e스포츠를 떠나 있던 기간이 길어 새로운 팀을 찾기란 쉽지 않았다. 포기하지 않고 계속해서 노력한 끝에 신생팀에 합류했고 2019년 여름, 리그 오브 레전드 챌린저스 코리아리그 우승까지 이루었다. 이제 프로 생활의 2막, 코치로서의 커리어가 본격적으로 시작됐다.

프로게이머와 동고동락하는 파트너

코치의 하루는 선수들을 깨우는 것으로 시작한다. 프로게이머 중에는 어린 선수들이 많다 보니 기본적인 생활부터 지도가 필요하다. 훈련 일정에서는 스크림에서 선수들의 플레이를 피드백 하는 것이 코치의 주요 업무이다. 이때 무조건 승리를 강조하기보다는 팀 전략에 부합하는 연습

방향을 정하고, 이에 맞추어 집중적으로 피드백 하는 것이 중요하다.

공식 훈련 일정을 마치면 선수들은 개인 연습에 들어가는데, 코치인 나 역시 이 시간에 훈련에 돌입한다. 바로 분석력을 높이는 자기 계발 훈련이다. 유럽과 중국, 미국 등 세계 주요 대회의 경기를 보며 아이디어를 얻는다. 안정감을 중요시하는 한국 팀에 비해 해외 팀은 창의적인 전략과 경기 방식을 선보이는 경우가 많다. e스포츠는 메타가 수시로 변하기 때문에 그 흐름을 놓치지 않기 위해 꼼꼼히 연구하고, 연습에 적용하는 노력을 게을리 하면 안 된다.

세계 무대에서 인정받는 나를 꿈꾸다

이제는 해외에서 활약하는 한국인 프로게이머와 코칭스태프가 많다. 나 역시 해외 무대로의 진출을 꿈꾸고 있다. 한국에 비해 체계가 아직 잡혀 있지 않은 환경에서 차근차근 팀을 개선시키고, 자유로운 무대에서 전술적인 기량을 선보이고 싶은 욕심이 있다. 나의 강점인 전략성을 살려, 전문성을 갖춘 코치로서 최고가 되는 날을 꿈꾼다.

요즘 선수에서 물러나 코치로 새 출발을 계획하는 프로게이머 후배들이 많다. 선수 시절 커리어를 체계적으로 관리하는 것은 코치 선임에 있어서 큰 메리트가 된다. 그래서 매 순간 신중한 선택을 하도록 당부하고 싶다. 또한 코치는 경기의 모든 부분을 책임지는 사람이다. 자기 포지션만의 시야와 스타일에서 벗어나 최대한 넓게 생각하기를 권한다. 코치의 재능은 경기 전체를 보면서 직감적으로 우열을 판단하고 상성을 이해하는 부분이라고 생각한다. 한국 선수들은 여기에 남다른 감각이 있다. 앞으로 코치의 역할은 더 중요해질 것이다. 우리나라 코치들이 자신의 능력을 살려 세계를 좌우하는 인재로 계속 활약하고, 그 자리에 나도 함께하기를 바란다.

3장

e스포츠 직업의 세계: 경기를 전달하는 사람들

1. e스포츠 해설가

e스포츠
해설가란?

e스포츠에는 무엇보다 '보는 재미'가 있다. 프로게이머의 화려한 손놀림과 두뇌 싸움, 한치 앞을 내다 볼 수 없는 승부는 우리의 눈을 화면에서 떼지 못하게 한다. 하지만 경기를 보는 우리 모두가 전문가일 수는 없다. 순식간에 이루어진 플레이를 놓치기도 하고, 갑자기 경기의 흐름이 뒤바뀌었을 때 어리둥절하기도 한다. 이때 우리에게는 해설가가 필요하다. 경기의 흐름을 짚어 주고 때로는 선수들의 배경 설명까지 보태어, 경기를 200% 이해하고 즐길 수 있도록 돕는 것이 해설가의 역할이다. 해설가가 있기에 e스포츠를 보는 재미는 두 배, 세 배가 된다.

해설가가 하는 일

해설가는 방송을 통해 **e스포츠 경기 내용을 전달하고 설명**한다. 시청자가 보다 경기에 몰입해 즐길 수 있도록 주요 관전 포인트를 뽑아 흐름을 짚어 준다. 중계는 경기와 동시에 실시간으로 진행된다. 해설하는 도중에도 화면에서는 많은 상황이 벌어지기 때문에, 매 순간 가장 핵심 정보만 선택하여 한정된 시간 안에 풀어낸다. 그렇기 때문에 마치 속사포 랩을 하듯이 빠르게 해설하는 모습을 중계에서 심심치 않게 볼 수 있다.

일반적으로 e스포츠 중계는 한 명의 캐스터와 두 명의 해설가, 이렇게 3인으로 이뤄진다. 캐스터가 경기 상황을 전달하면서 전체 진행을 맡는 역할이라면 **해설가는 '왜'라는 질문에 대답하는 사람**이다. 경기에서 풀이가 필요한 장면이 있으면 해설가는 '저 선수가 이 타이밍에 왜 적진에 들어갔는지', '승부가 갑자기 역전된 이유는 무엇인지' 하는 의문을 설명하여 시청자의 이해를 돕는다.

해설가는 담당하는 **e스포츠 종목의 정보를 끊임없이 수집하고 분석**한다. 해설가는 기본적으로 게임에 대한 해박한 지식과 이해를 갖춘 사람이다. 이에 더해 게임 트렌드와 메타 변화, 팀 간의 상성, 선수들의 히스토리와 이슈까지 꿰고 있어야 보다 재미있고 전문성을 갖춘 해설이 가능하다. 그런 이유로 해설가는 중계 일정이 없더라도 국내외 각종 경기를 챙겨 보고 분석하는 것이 일상이다. 관련 보도는 물론 주요 커뮤니티도 빠짐없이 체크한다. 아는 것이 많을수록 중계에서 할 수 있는 이야기가 풍부해지기 때문에 해설가는 쉬지 않고 스스로를 업데이트 한다.

최근에 많은 리그 중계 방송에서 분석데스크를 도입하는데, '분석가' 역할을 해설가가 맡는 경우도 종종 있다. 해설은 경기와 동시에 진행되는 반면 분석은 경기가 끝나고 준비 시간이 있기 때문에, 시간상 미처 다루지 못한 경기 내용을 심도 있게 짚어 주는 역할을 한다.

해설가의 생활

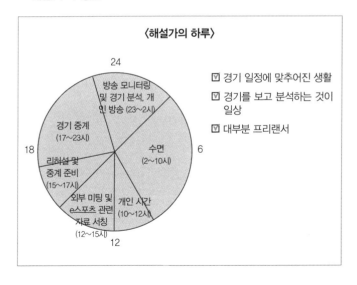

〈해설가의 하루〉

24

방송 모니터링 및 경기 분석, 개인 방송 (23~2시)

경기 중계 (17~23시)

18

리허설 및 중계 준비 (15~17시)

외부 미팅 및 e-스포츠 관련 자료 서칭 (12~15시)

개인 시간 (10~12시)

수면 (2~10시)

6

12

☑ 경기 일정에 맞추어진 생활
☑ 경기를 보고 분석하는 것이 일상
☑ 대부분 프리랜서

해설가의 생활은 경기 일정을 중심으로 돌아간다. 보통 경기 중계가 저녁에 있기 때문에 해설가는 오전 느지막이 하루를 시작해 밤늦게야 잠자리에 든다.

개인 시간은 하루 중 오전이 유일하다. 외부 미팅이나 인터뷰는 주로 점심 시간을 활용한다. 점심 이후 경기 관련 뉴스를 스크랩하고 게임 관련 주요 커뮤니티 사이트를 모니터링 하면서 최신 이슈와 트렌드를 점검한다.

경기가 있는 요일과 시간은 게임 종목별, 리그별로 천차만별이다. 리그 오브 레전드 종목을 기준으로 보통 오후 5시에 경기가 시작되는데, 경기 시작 두 시간 전까지는 현장으로 가야 한다. 경기장에 도착하면 방송을 위해 메이크업을 받고 리허설을 진행한다. 방송 화면이나 주요 진행 내용을 제작진과 점검하거나 함께 해설할 중계진과 중계 방향을 논의하기도 한다. 해설도 일종의 대화이기 때문에 중계진 간의 호흡이 무척 중요하다. 경기의 핵심을 짚으면서 중계진 간 멘트가 겹치거나 맥이 끊어지지 않도록 호흡을 조절하고, 동시에 시청자의 실시간 채팅을 확인해 해설에 반영하는 것은 쉬운 일이 아니다. 해설의 여러 요소를 동시에 신경 쓰면서 네다섯 경기를 중계하고 나면 온몸에 힘이 쭉 빠진다. 경기가 끝나고 집에 가면 자정 가까운 시간이 된다. 경기 결과를 다시 한 번 정리하고 다음 경기 해설을 준비한 후 잠자리에 든다.

최근에는 많은 해설가들이 각종 인터넷 플랫폼을 활용하여 스트리밍 방송을 한다. 본인의 전공 분야를 살려 현장 중계에서는 미처 못한 이야기를 하거나, 특정 경기나 팀을 심층 분석하는 콘텐츠가 주를 이룬다. 중계가 끝난 늦은 밤, 혹은 자유롭게 보낼 수 있는 오전 시간을 개인 방송에 할애하는 경우가 많다.

해설가는 경기가 없는 날이 공식적으로 휴일이다. 하지만 온전히 쉴 수만은 없다. 경기가 없는 날도 선수들은 스크림을 하고 스트리밍 방송도 한다. 게임 업데이트도 있고 해외 리그도 진행 중이다. e스포츠는 비시즌에도 실시간으로 새로운 이슈가 계속 만들어지고 게임 트렌드가 변화한다. 그래서 해설가는 휴일에도 게임과 떨어져 살 수 없다. 다른 시간대에 진행되는 해외 리그 경기를 챙겨 보고 팀 간 스크림 경기를 관전한다. 감독이나 코치 등 현역에 있는 사람들과 만나 정보를 교류하며 해설의 시각을 넓히고, 감을 유지하기 위해 직접 게임을 하는 경우도 있다. 이 모든 과정이 보다 좋은 해설을 위한 준비이다.

해설가 장단점

e스포츠 해설가는 **좋아하는 분야에서 선수들과 대중을 잇는 가교 역할을 한다는 자부심**을 직업의 가장 큰 장점으로 꼽는다. e스포츠 종사자 대부분이 게임과 e스포츠에 대한 열정이 있지만 해설자의 e스포츠 사랑은 유별나다. 좋아하는 분야를 가장 깊이 파고들어 대중에게 알리는 데에서 보람과 기쁨을 느낀다. 게임을 잘 모르는 시청자도 해설을 통해 진입장벽을 낮추어 e스포츠의 저변을 넓히는 데 기여하고, 때로는 선수들의 목소리를 대변하며 e스포츠를 균형 있게 발전시켜 나간다.

e스포츠팬들과 직접 소통하며 사랑을 받는 직업이라는 것도 장점이다. e스포츠는 대중과의 상호작용이 큰 스포츠이다. 인터넷 생중계가 보편화되어 시청자는 경기와 해설에 대해 코멘트를 남기고, 해설가는 경기 화면과 동시에 채팅창을 실시간으로 확인한다. 누구보다 팬들과 가까이에서 직접 소통하기 때문에, 해설가의 발언은 종종 화제가 되고, 프로게이머만큼이나 주목받으며 인기를 얻는다.

반면 직업의 **불안정성**이라는 단점 역시 존재한다. 대부분의 해설가는 프리랜서로 활동한다. 방송사와 전속으로 계약을 맺는 경우는 드물다. 선수나 코칭스태프처럼 정해진 연봉이 아니라 리그나 이벤트 등 프로젝트 기준으로 계약하기 때문에, 일하는 만큼 수입이 생기는 구조이다. 경기가 없는 비시즌에는 행사나 스트리밍 등 다른 활동을 병행하지 않으면 수입이 줄어드는 등 시기별 수입 편차가 크다. 뿐만 아니라 비인기 종목의 해설가는 직업 자체에 불안을 느끼기도 한다.

또한 변화가 빠른 e스포츠의 특성상, **일에 많은 시간을 투자**해야 한다. 외적으로 노출되고 주목받는 직업이기 때문에 대중으로부터 즉각 평가를 받고, 조금만 기량이 떨어져도 비난에 시달리기 일쑤다. 전문성을 유지하기 위해서 매일 e스포츠에 시간을 쏟아붓기 때문에 여유 시간이 적다는 점도 단점이다.

해설가 전망

e스포츠 해설가의 수요는 지금보다 늘어날 것으로 전망된다. e스포츠 인기가 높아짐에 따라 매니아층이 즐겨 보는 해외 리그 중계 수요도 생기고 있다. 인터넷 방송이나 케이블TV뿐만 아니라 스마트폰, IPTV, 공중파까지 중계 채널도 다양화될 것으로 보인다.

e스포츠 종목이 다양해지고 빠르게 전환되는 추세여서, 한 종목의 전문성에 더해 다양한 종목을 넘나드는 이해도가 필요하다.

e스포츠 해설가의 인기 상승과 1인 브랜드 강화도 예측된다. 이미 축구와 같은 전통 스포츠 종목에서는 유명 해설가가 프리랜서 연예인처럼 스포츠 이벤트를 진행하거나 개인 스트리밍을 통해 경기 해설 방송을 하고 있다. e스포츠 인기가 대중화되면 해설가의 인기도 높아질 것이고, 공식적인 리그 중계를 넘어 개인 스트리밍 채널을 활용하여 다양한 활동이 가능하다.

해설가가
되려면?

해설가 필요 역량

① 게임에 대한 전문성

전문성은 해설하는 e스포츠 종목의 **게임에 대한 이해도**와 **정보력**으로 나눌 수 있다. 해당 게임의 메커니즘을 완벽하게 이해하고 승부에 영향을 미칠 수 있는 게임 내 세부 요소까지 모두 숙지하고 있어야 정확한 해설이 가능하다. 특히 e스포츠 종목은 플레이 경향이 빠르게 변하기 때문에 게임 자체를 꾸준히 공부해야 한다. 경기 관전이나 조사, 취재를 통해 폭넓은 정보를 얻는 것 또한 중요하다. 현업 선수나 코치에게 질문하고 의견을 교류하는 것도 필요하다. 자신의 분석이 실제와 차이는 없는지 확인하는 것은 물론, 이 과정에서 얻은 정보와 에피소드는 해설에서 이야

깃거리를 더욱 풍부하게 만든다.

② 전달 능력

해설가는 말로 하는 직업이다. 아무리 관련 정보를 속속들이 꿰고 있고, 게임을 예리하게 분석하더라도 이를 시청자에게 알기 쉬운 언어로 풀지 못한다면 아무 소용없다. 정확하고 명료한 표현으로 말하는 능력은 해설가에게 필수이다. 목소리도 중요하다. 생중계는 자막을 달 수 없다. 듣기좋은 발성과 명확한 발음을 갖추어야 시청자에게 잘 전달된다.

③ 방송 감각과 순발력

해설가는 시청자가 경기에 더 몰입하고 재미를 느끼도록 이야기를 이끌어가야 한다. 게임 종목 자체가 정적이거나 경기가 소강상태일 경우 중계를 통해 재미를 줄 방법을찾아야 한다. 특히 e스포츠는 시청자 대부분이 젊은 층이라최신 트렌드에 맞는 유머 감각이 필요하다. 이를 위해서는시청자가 재미있어 하는 정서와 유행을 잘 파악하고 이를적절한 타이밍에 재치 있게 던지는 센스를 길러야 한다.

해설가가 되는 방법

해설가가 되는 과정은 정형화되지 않았다. 프로 스포츠도 선수, 에이전트, 기자 등 다양한 출신의 해설가가 활동하는 것처럼 e스포츠도 해설가가 되는 자격이나 정해진 경로는 없다. 실제로 인적 네트워크나 추천을 통해 적임자를 캐스팅하는 경우가 많다.

물론 해설가는 고도의 게임 이해도가 요구되는 직업이기 때문에 프로게이머 출신이 유리한 것은 사실이다. 방송국에서 화술이 뛰어나고 스타성을 갖춘 **프로게이머를 해설가로 영입**하는 경우가 많다. 공개 채용의 형태가 아니다 보니 해설가를 향후 커리어로 생각하고 있다면, 선수 시절부터 꾸준히 준비해야 한다. 한 프로게이머 출신 해설자의 경우, 선수 시절부터 꾸준히 예능 방송에서 입담을 과시하고, 당시 활동하던 해설가와 방송PD들과 친해지는 노력을 통해 기회를 얻었다고 밝혔다.

선수 출신이 아니더라도, 충분한 능력이 있다면 해설가는 누구에게나 열려 있다. 실제로 각 종목마다 뛰어난 분석 능력과 입담을 바탕으로 성공한 비선수 출신 해설가를 만날 수 있다. 인터넷 게임 커뮤니티나 동영상 플랫폼에 꾸준히 해설이나 분석 글을 올려 **인지도를 쌓으면**, 방송계에서 주목받아 **중계진으로 캐스팅**하는 경우도 적지 않다. 또한 가끔씩 **방송사에서 공개적으로 해설가를 채용**하기도 하는데, 평소 분석과 해설 준비를 꾸준히 한 사람이라면 기회를 잡을 수 있다.

하광석(닉네임 '빛돌') /
전(前) 나이스게임TV e스포츠팀 팀장,
현(現) 리그 오브 레전드 해설가, 분석가

e스포츠 전문 해설가로 10년 이상 방송 활동을 하고 있지만 처음부터 해설가가 되기 위해 준비했던 것은 아니다. 당시의 나는 게이머로 대회에 나가기도 하고 온라인 커뮤니티 활동도 열심히 하던, 게임에 빠져 있던 보통의 학생이었다.

그러다 나이스게임TV와 인연이 닿았다. 여기에도 재미있는 이야기가 있다. 나이스게임TV에서는 '카오스'라는 게임으로 방송을 만들고 싶다는 아이디어만 있던 상태였는데, 대표가 게임을 하던 중 카오스 내에서 유명한 사람을 상대편으로 만났다고 한다. 대뜸 말을 걸어 사업 아이디어를 이야기하며 같이 할 만한 사람이 있냐고 물었고, 상대방이 나를 추천했다고 한다. 게임 내에서 섭외를 하다니, e스포츠이기에 가능한 이야기다.

당시에는 나이스게임TV도 막 시작하는 단계라 회사라 기보다는 동아리 같은 느낌이었다. 그래서 큰 부담 없이, 취미로 시작했다. 계속하다 보니 내가 이 일을 재밌어 한다 는 것을 느꼈고, 나를 좋아해 주는 분들도 생겼다. 그렇게 본격적으로 해설가의 길을 걷게 되었다.

궁금해 하지 않는다면 분석도 해설도 없다

생각해 보면 '왜'라는 질문을 던지는 것은 나의 오랜 습 관이다. 어떤 상황이 일어났을 때 그냥 넘기기보다는 원인 을 찾아 의문을 해결하려고 파고드는 성격이다. 대학생 때 물리를 전공했는데 물리학도 현상 세계의 법칙을 설명하는 학문인 것을 보면, 내 성격이 전공에서부터 해설가라는 직 업까지 이끈 것이 아닐까 생각한다.

게임 분석과 해설에 전문성을 기르기 위해서는 사소한 플 레이도 왜 그렇게 되었는지 끊임없이 의문을 가져야 한다. 하다못해 '선수가 게임 내에서 어이없이 죽은' 상황도 실수 라고 치부하지 않고, 다른 노림수가 있을지도 모른다는 가 능성을 검토해야 한다. 이를 바탕으로 이론을 세워서 검증 하고, 상황을 다시 돌려 보고, 선수나 혹은 다른 전문가들과 의견을 나누어 의문을 해결하는 연습이 필요하다. 이런 과정을 반복하면 내 안에 데이터가 축적되고, 비슷한 상황에서 좀 더 빠르게 상황을 이해하고 해설할 수 있다.

선수들의 팬으로서

양 팀이 모두 훌륭한 경기력을 펼치는 시합을 해설할 때는 정말 신이 난다. 해설에서 전할 이야기가 풍부해지고 재미있을 뿐더러, 나 자신도 선수들의 모습에 푹 빠져 반하게 된다. 선수들의 멋진 모습을 모두가 알아줬으면 하는 마음으로 중계한다. 놓치고 지나갈 수 있는 멋진 플레이를 해설을 통해 조명하고, 한 명의 선수라도 더 좋은 평가와 인정을 받게 하는 것이 해설가로서의 보람이다.

경기장 밖에서도 선수나 코칭스태프를 종종 만난다. 일의 한 부분이기도 하지만 사람들과 어울리며 이야기하기를 좋아하는 나에게는 언제나 즐거운 시간이다. 얼마 전, 국제 리그 대회 애프터파티에서 만난 감독님이 하신 이야기가 마음에 무척 남는다. 방송 중에 내가 우리나라와 맞붙게 될 해외 팀들의 성향과 플레이 스타일을 자세히 해설하는 것을 선수들에게 보여 줬고, 경기를 이기는 데 도움이 되었다는 이야기였다. 평소에도 나의 해설에 도움을 받아서 영상을 찾아보고 있다는 얘기도 하셨다. 감동적이었다. 선수들의 멋진 모습을 잘 전달하는 것도 보람인데, 선수들 그리고 우리나라 e스포츠 팀이 더 좋은 성적을 거두는 데 도움이 된다면 이보다 뿌듯한 일은 없을 것이다.

내일을 준비하는 오늘

해설가에게도 힘든 점이 많다. 지금 소속되어 있는 리그 오브 레전드는 워낙 인기 종목이고 규모도 커서 안정적인 편이다. 하지만 다른 종목, 특히 단기간만 들어가는 종목은 불안할 수밖에 없다. e스포츠의 특성상 '이 종목이 쇠퇴하면 나는 무엇을 해야 할까'를 걱정할 수밖에 없는 구조이다. 하루의 대부분을 쏟아부어야 전문성을 유지할 수 있는 분야인 만큼 고민은 더 깊어진다.

하지만 중간에 다른 것을 준비하고 걱정하느라 지금 내 일을 소홀히 하고 싶지는 않다. 오히려 고민이 될수록 현재 일에 최선을 다하고자 한다. 나는 e스포츠 리그 운영, 방송 제작에서 해설에 이르기까지 다양한 일을 경험했기 때문에 지금 맡은 일을 잘하다 보면 그 다음은 뭘 해도 된다는 확신이 있다. 먼 미래에도 내가 계속 해설을 할지, 방송 제작을 할지, 아니면 프로팀과 관련된 일을 할지는 알 수 없다. 하지만 e스포츠 안에서 내가 함께하고 싶은 사람들과 하고 싶은 일을 하기를 바란다. 그런 내가 되기 위해 오늘도 나는 온 힘을 다해 하루를 보낸다.

2. e스포츠 전문기자

e스포츠
전문기자란?

e스포츠 팬이라면 좋아하는 선수와 팀에 대해서 하나부터 열까지 모든 것을 알고 싶기 마련이다. 경기가 끝나면 포털 뉴스 검색창을 새로고침 하며 기사를 검색하고, 좋아하는 선수의 인터뷰를 찾아본다. e스포츠와 팬을 이어 주는 수많은 기사 뒤에는 **e스포츠 전문기자**가 있다. 이들은 경기 결과를 전달하는 것뿐만 아니라 기사 하나 하나에 e스포츠에 대한 애정과 고유한 관점을 담는다.

e스포츠 기자는 게임 기자와 다르다. 게임 기자는 콘솔 게임, PC 게임, 모바일 게임 등 게임이라는 콘텐츠 전반을 다룬다면, e스포츠 기자는 대회와 프로게이머에 초점을 맞춘다.

기자는 기사를 쓰는 사람이다. e스포츠계에는 매일 크고 작은 일이 다양하게 일어난다. 그중 의미가 있다고 생각되는 '어떤 사실'을 포착해 취재하고, 이를 '어떤 형태'로 대중에게 전달할지 결정하는 것이 기자의 몫이다.

기자는 기사를 쓰기 위해 현장을 찾는다. 가장 많이 가는 현장은 역시 경기장이다. 리그 오브 레전드, 오버워치, 배틀그라운드 등 국내 리그만 해도 시즌 내내 경기 일정이 가득하다. 경기가 진행되는 동안 키보드를 바쁘게 두드리는 것은 프로게이머의 손만이 아니다. 경기 내용과 결과를 정리해서 바로 기사를 내보내는 기자도 경기 내내 손을 멈출 수 없다. 기자의 의견은 배재하고 있는 그대로의 사실을 시의성 있게 전달하는 기사를 스트레이트 기사라고 한다. 정보 제공이 중요한 스트레이트의 특성상, 긴 시간 진행되는 경기에서 핵심만 포착해 이를 가장 객관적이고 적확한 표현으로 풀어내야 한다. 이는 어느 현장에서나 마찬가지다. **정확한 정보를 빠르고 현장감 있게 전달**하는 것은 기자의 주요 임무 중 하나이다.

물론 모든 기사가 현장에서 만들어지는 것은 아니다. 또한 객관적 사실만 전달하는 데 그치지 않는다. 프리뷰나 리뷰 기사가 좋은 예이다. 리그 특성, 팀 · 선수 간 상성 등 경기를 구성하는 각 요소를 분석해 대중이 주목해야 할 관전 포인트를 짚어 주고, 대결 안에서 스토리를 만들어 낸다. e스포츠팬 입장이 되어 관전하며 생긴 질문들을 감독에게 묻거나, 경기 결과의 의미와 시사점을 정리해 분석한다. 그렇기에 기자의 관점과 깊이에 따라 똑같은 경기 현장에서도 수십 개의 다른 기사가 나온다.

기자의 관점이 가장 잘 드러나는 것은 **기획 기사**이다. e스포츠와 관련 있다면 무엇이든 기사가 되는 만큼, 기자가 다룰 수 있는 소재는 그야말로 무궁무진하다. 넘치는 정보 속에서 자신만의 시각을 담아 기사 방향을 기획하고, 방대한 자료를 검색하고 취재로 보강한다. 시즌을 관통하는 시리즈를 기획하기도 하고, e스포츠 시장 전체의 발전 방향에 대한 의견을 담아 칼럼을 쓸 수도 있다. 선수 복지에 대해 대중의 관심을 환기시킬 수도 있고, 아마추어 리그를 조명할 수도 있다. 시간과 노력이 많이 투입되는 만큼 보통 일주일에 하나 정도 기획 기사를 쓴다.

인터뷰도 주요 업무 중 하나이다. 프로게이머, 감독, 코치, 해설가 등 업계 스타들을 직접 만나 인터뷰하는 것은 e스포츠 기자만의 특권이다. 인터뷰는 섭외에서부터 시작된다. 대중이 궁금해 하는 인물, 의미 있는 이야기를 할 수 있는 인물을 선정해 섭외한다. 섭외가 확정되면 철저한 사전

조사를 한다. 인터뷰 대상에 대해 잘 알수록 질문에 자신감이 생기고 보다 깊이 있는 이야기를 끌어낼 수 있다. 현장에서 편안하고 진솔한 이야기가 나오도록 인터뷰 대상의 성격에 맞추어 완급을 조절한다. 이렇게 완성된 인터뷰 기사는 e스포츠팬과 인터뷰 대상자를 한층 가깝게 해 준다.

이외에도 국내 및 해외 커뮤니티, 프로게임단 및 프로게이머의 SNS계정을 수시로 모니터링한다. 해외 주요 경기영상과 리뷰를 챙겨 보고, 게임도 놓치지 않는다. e스포츠 트렌드를 빠르게 파악하고 전문성을 갖추어야 하기 때문에 기자에게는 공부도, 게임도 일이다.

e스포츠 전문기자의 생활

아침에 일어났을 때 몇 시에 어디로 출근할지 매일 다르다. 전날 새벽까지 일했다면 다음 날은 오후에 출근하고, 일찍 취재가 잡혀 있다면 사무실이 아닌 현장으로 바로 출근한다. 노트북을 펼치는 곳이 어디든 그곳이 작업실이고, 그때가 곧 업무 시간이다.

정규리그가 있는 시즌 중에는 생활이 경기 일정에 맞추어진다. 오후에 출근하는 날에는 비교적 오전 시간이 여유롭다. 전날 밤 미리 작성해 둔 당일 경기의 프리뷰 기사를 올리면 출근 전까지는 개인 시간이다.

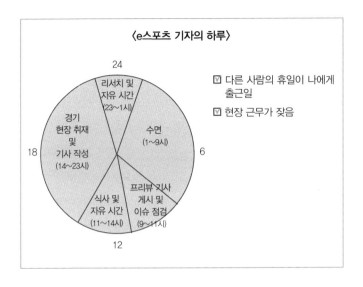

〈e스포츠 기자의 하루〉

24
리서치 및
자유 시간
(23~1시)

경기
현장 취재
및
기사 작성
(14~23시)

18

식사 및
자유 시간
(11~14시)

프리뷰 기사
게시 및
이슈 점검
(9~11시)

수면
(1~9시)

6

12

☑ 다른 사람의 휴일이 나에게
출근일
☑ 현장 근무가 잦음

　본격적인 일과는 오후에 시작된다. 팀에서 조율한 일정에 따라 자신에게 주어진 경기의 취재를 나간다. 늦어도 경기 시작 한 시간 전에는 경기장에 도착하지만 프레스룸 안에만 있지 않는다. 현장을 둘러보며 코칭스태프나 선수의 동향을 살피고, 업계 관계자들과 이야기를 나눈다. 이런 대화에서도 최신 정보와 기사의 실마리를 얻을 수 있기 때문에, 기자는 언제나 신경을 곤두세우고 있어야 한다.

　경기 시작과 동시에 기사 작성을 한다. 프레스룸에서 경기를 실시간으로 지켜보며 가장 핵심적인 순간을 적절한 표현으로 담아낸다. 숨 가쁘게 진행되는 경기에 맞춰 기사를 작성하고, 경기가 끝난 후 선수 인터뷰까지 정리해서 회사로 보내면 퇴근이다. 경기가 있는 날은 보통 자정이 되어서야 집에 도착한다.

시즌 중 경기 취재는 보통 일주일에 두세 차례 정도이다. 그 외에는 관계자 인터뷰를 하거나 기획 기사를 쓰고, 각종 보도 자료를 처리하고 모니터링하는 등 일상 업무를 한다. 경기가 없는 비시즌에도 업무는 크게 다르지 않다. 다만 경기가 없는 대신 이적 등 팀 재구성이 주요 이슈이기 때문에 프로게임단 관계자를 많이 만난다.

e스포츠 전문기자 장단점

e스포츠 기자의 장점은 **다양한 사람을 만나며 새로운 경험을 할 수 있다**는 점이다. 세계 최정상의 선수와 감독들을 만나 자유롭게 질문할 수 있는 기회는 기자만의 특권이다. e스포츠 업계의 변화와 성장을 가장 가까이에서 보며 날마다 새로운 것을 배운다.

자신의 이야기를 많은 사람에게 전할 수 있다는 것도 장점이다. 글로써 사람들이 궁금해 하는 소식을 알리고, 업계에 필요한 화두를 던지거나 의제를 설정하는 역할을 할 수 있다. 나의 목소리가 많은 사람의 공감을 얻고, 나아가 e스포츠계에 긍정적인 변화를 불러올 수 있다는 것은 뜻깊은 일이다.

　단점은 **개인 생활을 많이 희생**해야 한다는 것이다. e스포츠 경기와 이벤트는 사람들이 여가로 많이 즐기는 시간대에 진행된다. 즉, 다른 사람들이 쉬는 날에 일해야 한다는 뜻이다. 또한 새로운 종목이 계속 등장하고 게임 내 업데이트도 자주 있는 e스포츠의 특성상, 계속해서 게임을 공부하고 분석해야 한다. 여기에 투입되는 절대적인 시간이 많아서 개인 시간이 적을 수밖에 없다.

　연봉 수준은 매체마다 다르지만, 타 업계와 비교했을 때 **높은 편은 아니다.** e스포츠 언론의 시장 규모가 아직 작고, 근무 환경이 열악한 매체가 많은 것이 현실이다. 매체의 급여 수준뿐만 아니라 복지와 성장 가능성, 사내 문화까지 종합적으로 고려해서 진로를 정해야 하는 이유이다.

e스포츠 전문기자 전망

　e스포츠 인기가 높아짐에 따라 자연스럽게 미디어 콘텐츠 수요 역시 늘어날 것으로 예상된다. 최근에 AI에 의한 자동화가 시작되어 뉴스 작성에서도 기자의 영역을 대체할 것이라는 시각도 있지만, 사실 기자의 역할은 단순한 정보 제공자에 그치지 않는다. 깊이 있는 통찰과 분석이 담긴 양질의 기사는 단순히 알고리즘에 따라 정보를 생성하는 AI

가 범접할 수 없는 영역이다. 특히 e스포츠 팬층이 넓어짐에 따라 칼럼과 같은 전문적인 콘텐츠에 대한 요구도 늘어난 만큼, 기자는 더욱 깊이 있고 창의적인 기사 작성에 집중하게 될 것이다.

e스포츠 산업이 커지고 체계가 잡혀가는 과정이기 때문에 산업의 구조를 잘 아는 전문 인력이 필요하다. 기자는 e스포츠 전반에 대한 폭넓은 이해를 바탕으로 프로팀, 사무국 등 업계 내 다양한 직무로의 이직도 활발하게 이루어지며, 그 중요성은 계속 유지될 것으로 보인다.

e스포츠 전문기자가 되려면?

e스포츠 전문기자 필요 역량

① 친화력과 커뮤니케이션 역량

기자는 업계의 다양한 관계자로부터 얻은 정보를 바탕으로 대중에게 이야기를 전달한다. 하지만 기자라는 위치 때문에 상대방이 조심스러운 태도를 보일 때가 많다. 이를 극복하여 게임단이나 선수들과 친분을 쌓고 네트워크를 구축한다면, 섭외는 물론 최신 정보의 입수와 대응에서 도움을 받을 수 있다.

② e스포츠에 대한 자신만의 이해와 시각

경기 하나에 대한 기사를 쓰더라도, 관점을 가지고 쓴 글이 그렇지 않은 글보다 대중에게 차별성 있게 다가간다. 특히 칼럼과 같이 e스포츠에 대한 통찰이나 분석이 필요한 글에서 이 역량은 진가를 발휘한다.

③ 글쓰기 능력

취재를 통해 얻은 특종도, 경기에 대한 깊이 있는 분석도 글로 잘 정리할 수 없다면 독자에게 온전히 전달되지 못한다. 문학적 글쓰기와는 다르게, 기사 작성에 필요한 논리적 글쓰기 능력은 훈련을 하면 누구나 기를 수 있다. 때문에 e스포츠 기자를 꿈꾼다면 e스포츠 관련 공부뿐만 아니라 경기 리뷰나 분석 등의 글을 써 보는 연습을 꾸준히 해야 한다.

e스포츠 전문기자 되는 방법

첫 번째 방법은 **종합지나 스포츠신문 등 일간지에 입사해 e스포츠를 담당하는 부서에서 근무**하는 것이다.

일간지는 보통 매년 정기적으로 공개채용을 하는데 서류 전형과 논술·면접 등을 포함한 실무 평가 과정을 거친다. 신입 기자로 입사하여 바로 원하는 분야를 맡기는 쉽지 않다. 관련 부서에서 근무하더라도 다뤄야 하는 분야가 많기 때문에 큰 경기 등 주요 이슈 위주로 취재가 이루어질 수밖에 없는 단점이 있다.

두 번째 방법은 **e스포츠만을 다루는 웹진이나 인터넷 신문 등 전문지에 입사**하는 것이다. 일간지에 비해 업계를 자세하고 깊이 있게 다룰 수 있고, 현장 취재가 많기 때문에 선수와 관계자들의 네트워킹도 원활하다. 하지만 전문지의 경우 매년 정기 채용이 있는 것이 아니기 때문에 기회를 잡기 쉽지 않다. 일반적으로 채용은 서류와 면접 전형으로 이루어지고, e스포츠 관련 글을 쓰거나 업계에서 일한 경험이 있는 경우 우대한다. 따라서 관심 있는 주요 전문지의 모집 공고를 수시로 확인하면서 관련 경험을 쌓는 것이 좋다.

프리랜서 기자로 활동할 수도 있지만, 해외와 달리 국내에는 아직 그 수가 많지 않다. 특히 국내 e스포츠는 언론 규모가 그리 크지 않아 현장까지 오는 프리랜서 기자는 거의 없다고 봐도 무방하다.

심영보

현(現) 인벤 취재부 기자

예전부터 게임과 스포츠를 좋아했다. 경기를 보면서 혼자 분석하고 이를 글로 정리해서 블로그에 올렸다. 처음엔 그저 재미 삼아 하던 일이었다. 대학을 다니면서 진로에 대해 고민하기 시작했다. 한 업계에서 커리어를 쌓고 싶었고, 오랫동안 재미있게 일할 수 있는 분야를 찾았다. 평소 게임과 스포츠를 좋아하던 것이 e스포츠 업계와 맞아 떨어졌고, 분석 글을 쓰던 취미는 기자라는 업무로 연결되었다.

좋아하는 것이 일이 되는 순간

흔히 얘기하는 '좋아하던 것도 일이 되면 싫어진다'는 말에 어느 정도 공감한다. 단순히 재미있는 경기를 보고 선수를 만난 것을 기사로 쓴다고 생각할 수도 있지만, 취재 소재를 찾고 그것을 글로 풀어내는 것도 전부 창작의 과정이다. 그리고 일은 마감시간이 있다. 매주 새로운 아이디어를 준비해 시간 내에 기사를 완성해야 한다는 것은 굉장한 스트레스이다. 화면으로만 보던 선수나 감독을 직접 만날 수 있어 좋고 신기하지만, 시간이 지나면 그것만으로는 버티기 어려운 시기가 온다. 그래서 e스포츠에 대한 단순한 흥미로 기자라는 직업에 관심을 갖는다면 추천하고 싶지 않다.

결국 나를 지탱해 주는 것은 두 가지이다. 어떤 일을 하는지 만큼이나 어디에서 그 일을 하는지, 즉 일하는 환경도 중요하다. 자유로운 사무실 분위기와 유연한 근무 시스템, 그리고 함께 일하는 동료들의 에너지는 내가 이 일을 계속할 수 있게 하는 원동력이다. 또 다른 하나는 기사를 읽어 주는 독자이다. 기자 업무의 장점 중 하나는 피드백이 즉각적으로 온다는 것이다. 조회 수나 댓글과 같은 형태로 바로바로 피드백을 받는다. 열심히 고민해서 쓴 기사가 독자로부터 좋은 반응을 얻으면 뿌듯하다. 그 힘으로 일주일은 넉넉히 버틴다.

e스포츠 시장, 이제는 글로벌로 움직인다

e스포츠 기자는 해외에 나갈 일이 많다. 해외 출장이라고 하면 국제 대회를 취재하는 멋진 모습을 상상하기 쉬운데,

마냥 그렇지만은 않다. 미국에 있는 지사에서 취재할 때, 블리자드에서 e스포츠 경기장인 '블리자드 아레나'를 오픈한다는 소식을 발표했다. LA 버뱅크 스튜디오라는 것 외에는 경기장에 대한 구체적인 정보가 전혀 공개되지 않았다. '오픈 한 달 전이라고 하니 뭐라도 있겠지' 하며 발표된 장소로 무작정 찾아갔다. 한참을 운전해 도착한 버뱅크 스튜디오는 너무 넓었다. 열 동이 넘는 개별 스튜디오와 건물 사이를 두 시간 넘게 걸었지만 끝내 건진 것은 없었다. 결국 이 무작정 방문한 체험을 기사로 올렸다. 정보가 부족할 때 직접 가서 부딪혀 보는 것은 국내든 해외든 똑같다.

최근 e스포츠 시장의 화두는 단연 글로벌이다. 해외 리그로 진출하는 한국 선수와 코칭스태프의 숫자도 늘고, 국제 대회도 활발하게 열리고 있다. 무엇보다 국내 e스포츠 산업에 대한 해외 자본의 투자가 더 많이 이루어질 것으로 예상된다. 시장 자체가 글로벌화 되는 것이다. 영어를 잘하면 당연히 좋다. 유창한 회화까지는 아니더라도 해외 기사나 분석 글을 읽고 무리 없이 이해하는 정도의 영어 능력은 기자에게 필수이다.

내가 꿈꾸는 e스포츠 언론

스포츠 기자는 스토리를 만드는 사람이다. 스포츠 경기

는 그 자체로도 재미있지만 라이벌 구도, 선수 개인의 서사 등 스토리가 입혀지는 순간 대중은 몰입하고 열광한다. 그런 면에서 우리나라 e스포츠계가 네거티브 이슈를 대하는 방식은 다소 아쉽다. 미국은 한 팀이 다른 팀을 도발하는 발언을 해도 즐기는 분위기이고 오히려 거기에서 미디어적인 재미와 스토리를 끌어낸다. 반면 국내 e스포츠는 네거티브 이슈에 대해서 아직 굉장히 예민하다. 게임단이나 선수들이 조금 더 여유로워지고, 기자들도 이런 이슈를 재미있게 풀어 수면 위로 끌어올린다면, 국내 e스포츠에도 보다 풍성한 이야기와 재미가 더해지지 않을까 기대한다.

기자는 전달자임과 동시에 업계를 감시하고 견제하는 역할도 한다. e스포츠 현장에 쓴소리를 하거나, 특정 게임단 플레이에 대해 비판적인 글을 쓰기도 한다. 그래서 중심을 잡는 일이 쉽지 않다. 방대한 조사와 분석을 거쳐 최대한 객관성을 유지하며 기사를 쓰더라도, 의도를 오해받을 때가 있다. 그럴 때면 힘이 빠진다. 그럼에도 조회 수나 시류에만 끌려다니지 않고 하고 싶은 얘기를 하는 그런 e스포츠 언론을 꿈꾼다. 그리고 내가 지금 있는 이곳이, 그런 중심을 가질 수 있는 매체라고 믿는다. 앞으로도 흔들리지 않고 같은 생각으로 나아가는 것이 나와 동료 기자들의 몫이 아닐까 한다.

4장

e스포츠 직업의 세계: e스포츠를 지원하는 사람들

1. 프로게임단 사무국

프로게임단 사무국이란?

'프로게임단'이라고 하면 팬들은 그 팀에 소속된 선수나 코칭스태프를 떠올린다. 하지만 프로게임단은 선수단만으로 운영될 수 없다. 선수단과 함께 프로게임단을 이끌어 가는 든든한 두 번째 축, **프로게임단 사무국**이 있어야 한다. 사무국은 **팀의 경영 전반을 관리하고 운영**하며 보이지 않는 곳에서 **선수단을 지원**한다.

사무국에서 하는 일

선수단을 이끄는 사람이 감독이라면, 사무국을 이끄는 사람은 **사무국장**이다. 사무국장은 단장, 감독과 함께 **프로게임단을 경영하는 데 있어서 주요 사항을 결정**한다. 선수의 급여부터 연습실 운영비, 집기 구입비, 선수단 식비에서 교통비까지 게임단의 모든 운영에는 돈이 필요하다. 이를 위해 **예산을 확보하고 편성해 집행**하는 것은 사무국의 가장 기본 업무이다. 기업팀[*]은 모기업을 통해 비교적 안정적인 예산 확보가 가능하지만, 클럽팀[**]은 스폰서를 확보하고 투자를 유치해 팀의 **운영자금을 확보**하는 과정에도 많은 노력을 기울인다. 예산이 확보되었다면 이를 **어떻게 배분할지 결정**해야 한다. 선수 영입, 숙소 환경 개선, 선수들의 연봉과 복지 개선 등 수많은 사용처 중 어디에 얼마를 투입해야 최상의 결과를 이끌어 낼지 고민하는 것도 사무국의 몫이다. 이런 예산 계획에 맞춰 **경비를 지출하고 행정 처리**를 한다.

또한 사무국은 **선수단의 생활 전반을 관리하고 지원**한다. 업무 범위는 숙소와 연습실을 섭외해 컴퓨터를 비롯한 장비와 가구를 구비하는 것부터 가사 도우미 선임과 관리, 비품 점검, 각종 공과금 처리와 선수단 차량 운행까지 다양하다. 생활 전반을 관리할 뿐만 아니라 선수들의 컨디션도 체크하여, 최고의 경기력을 발휘할 수 있도록 신경 쓴다.

---

[*]   기업팀: SK텔레콤의 SK T1, KT의 KT 롤스터, CJ의 OGN 엔투스와 같이 기업에서 운영하는 프로게임단

[**] 클럽팀: 특정 모기업에 소속되지 않은 프로게임단

최근에는 **선수단 관리 매니저**를 따로 두어 이 역할을 전담
시키는 추세이다.

　게임단의 브랜드를 널리 알리고 가치를 높이는 것도 사
무국의 주요 업무이다. 경기에서 좋은 성과를 내어 팀의 가
치를 만드는 것이 선수단의 몫이라면, 그 가치를 알리고 발
전시켜 나가는 것은 사무국의 역할이다. 이를 '**팀 브랜딩**'
이라고 하는데 사무국 내의 **마케팅 매니저**가 주로 담당한
다. 경기장을 벗어나 팬들이 선수를 만나는 거의 모든 지점
에 마케팅 매니저의 손길이 닿는다. 팀 소식을 전하는 SNS
를 비롯하여 이벤트, 팬미팅, 언론 보도 등 다양한 채널을
통해 팀의 대외 이미지를 관리한다. 이 과정이 순조롭게 진
행되어 팀이 대중으로부터 많은 사랑을 받으면, 이를 수익
으로 연결시키는 마케팅 업무가 증가한다. 작게는 팬들을
겨냥한 기획상품 판매부터 물품 협찬이나 광고 섭외까지
이른다. 이와 같은 브랜딩과 마케팅 성과는 앞서 언급한 후
원·투자 유치 등 예산 확보에도 큰 영향을 미친다.

프로팀 사무국에서의 생활

　사무국에서의 생활은 e스포츠 관련 직업 중 가장 일반
회사원에 가깝다. 다만 경기가 있는 날은 심야에 끝나거나
주말 출근도 있기 때문에 탄력적으로 근무하는 편이다. 또

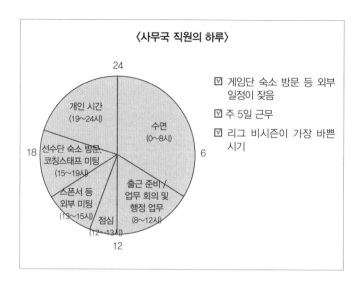

〈사무국 직원의 하루〉

24

개인 시간
(19~24시)

수면
(0~8시)

18

선수단 숙소 방문,
코칭스태프 미팅
(15~19시)

6

스폰서 등
외부 미팅
(13~15시)

출근 준비,
업무 회의 및
행정 업무
(8~12시)

점심
(12~13시)

12

☑ 게임단 숙소 방문 등 외부
일정이 잦음
☑ 주 5일 근무
☑ 리그 비시즌이 가장 바쁜
시기

한 사무국 일정은 리그 일정에 영향을 받기 때문에, 경기가 운영되는 시즌과 그렇지 않은 비시즌 간 업무량에 차이가 있다.

아침에 출근하면 먼저 업무 회의가 있다. 전날의 주요 이슈를 점검하고 선수단 관리나 홍보 방안 등을 논의한다. 회의 내용을 바탕으로 팀 SNS에 올릴 포스팅 글을 작성하거나 소속 선수들 월급을 보내는 등 각자 일상 업무를 한다. 점심 식사 후에는 주로 외부 일정을 소화한다. 업계 관계자나 스폰서사와의 미팅이 잦으며, 선수단 숙소나 연습실에도 종종 방문한다. 시설이나 비품을 체크하며 선수들에게 부족한 것은 없는지 관리하고, 코칭스태프와 선수단 운영 방안을 논의하기도 한다.

경기가 있는 날에는 현장을 찾는다. 경기 시작 전 관람객을 대상으로 각종 홍보 이벤트를 진행하고 응원 도구를 나눠 준다. 경기가 끝나면 팬미팅을 운영하거나, 코칭스태프와 경기를 피드백 하며 하루를 마무리한다.

클럽팀 사무국의 경우, 선수단 일과에 맞추어 오후에 출근하는 경우도 종종 있지만 하루 일과는 비슷하다.

1년 중 가장 바쁜 시기는 비시즌 중에서도 11~12월이다. 스폰서 프로모션 행사나 팬미팅 등 자체 행사들이 대부분 이 시기에 진행되고, 투자나 후원을 유치하여 다음 해 연간 계획을 세우는 것도 연말에 할 일이다. 하지만 무엇보다 이 시기에는 선수 영입이나 재계약, 이적과 같은 팀 재구성 업무가 주를 이룬다. 영입 대상 선수들과 접촉해 계약을 성사시키고, 기존 선수와 연봉 협상을 하거나 계약해지 통보를 하는 것도 사무국의 일이다. 때문에 물리적으로 바쁜 것에 더해 감정적으로도 소모가 큰 시기이다.

사무국 장단점

사무국에서 일하는 것의 장점으로 **안정성**을 꼽을 수 있다. 한 회사에서 지속적으로 커리어를 쌓을 수 있고, 업무 일정도 규칙적인 편이다. 연봉 수준 역시 일반 중소기업 수준으로 안정적이고, 기업팀의 경우 모기업의 연봉 체계를 따른다.

e스포츠팀을 직접 관리하며 함께 성장시켜 나가는 데에서 오는 **보람** 역시 크다. 선수들은 계약이 끝나면 팀을 떠나지만 사무국은 계속 이어진다. 어떤 측면에서는 선수들 이상으로 팀 자체에 애정을 가지고 일할 수 있다.

한편 팀의 성적처럼 **통제할 수 없는 변수가 업무의 성과를 결정짓는다**는 점은 단점이다. 팀의 가치와 수익의 상당 부분은 선수단의 성적과 직결되는데, 이는 사무국보다는 코칭스태프와 선수들의 손에 달려 있고, 변동성도 크기 때문이다. 또한 e스포츠 업계 자체가 오래되지 않았고, 기존 프로 스포츠와 차이점도 많기 때문에 새로운 사업모델을 만들고 운영하는 과정에서 **시행착오**를 많이 겪기도 한다.

사무국 전망

e스포츠 환경이 변화하고 발전함에 따라 팀 매니지먼트의 역할 역시 바뀌고 있다. 과거 사무국이 팀의 기본 행정 업무를 처리하고 보조하는 수준이었다면, 최근에는 본격적으로 스포츠 비즈니스를 발전시키고 수익 구조를 개선하는 방향으로 위상이 한 계단 올라섰다.

이에 더해 선수 육성을 위한 아카데미 운영이나 스카우트 시스템 도입 등 사무국의 역할이 확대되는 추세이다. 선수들의 개인 스트리밍 송출권을 모아 방송 플랫폼에 판매하는 등 사무국의 새로운 수익 모델도 개발되고 있다. 앞으로도 사무국은 e스포츠계 신규 사업을 개발하고, 업계의 변화를 이끌어 나가는 중추적인 역할을 맡을 것으로 전망한다.

사무국의 중요성이 대두되는 만큼 조직의 규모나 채용도 확대될 것으로 보인다. 이와 함께 사무국 내 분야별로 업무가 세분화·전문화 될 것이다.

사무국에서
일하려면?

사무국 직원 필요 역량

① 사무국 내 지원하는 직무에 맞는 능력

실제 채용을 진행했던 사무국 관계자는 게임과 e스포츠에 대한 열정만으로는 채용되기 어렵다고 말한다. 마케팅 직무에 지원한다면 시장을 분석하고 콘텐츠를 기획할 수 있는 능력을, 선수단 관리 직무에 지원한다면 총무와 회계 등 행정 사무 능력을 갖추어야 한다.

② e스포츠 산업에 대한 이해

스포츠 산업은 스폰서십을 중심으로 구성되는 독특한 비즈니스 모델의 형태를 띈다. 마케팅, 브랜딩, 선수 매니징과 신사업 개발과 같은 사무국 업무는, 이러한 산업 구조와 국내외 e스포츠 시장에 대한 이해를 바탕으로 이루어진다.

③ 커뮤니케이션 능력

사무국 업무의 특성상 투자사나 후원사, 선수단 등 만나야 하는 이해관계자가 많다. 특히 업무 파트너라고 할 수 있는 선수들도 대부분 1년 단위로 계약이 이루어지기 때문에 계속해서 새로운 사람을 만나고, 이들과 신뢰 관계를 쌓아야 한다. 또한 연봉 협상 등 예민한 이야기도 나눠야 하기 때문에, 대인 관계 능력과 소통 능력이 요구된다.

사무국 직원이 되는 방법

사무국에 입사하는 방법은 일반 회사에 들어가는 방법과 크게 다르지 않다. 특히 최근 e스포츠 산업의 급격한 성장과 함께 채용 기회 역시 많아졌다.

대부분 공개 채용 형태로 모집하는데, 필요에 따라 수시로도 채용한다. 프로게임단 홈페이지나 SNS를 통해 모집공고를 확인하고, 자격 요건을 갖추었다면 이력서나 포트폴리오 등 필수 서류들을 구비하여 지원하면 된다. 보통 서류와 인터뷰 전형을 거쳐 채용한다.

강영훈 /

전(前) 우주닷컴 e스포츠 전문기자,

현(現) 아프리카 프릭스 사무국장

　나는 학창시절부터 동네 PC방 대회를 섭렵한 하드코어 게이머였다. 게임에 흠뻑 빠져 살았던지라, 대학에서 언론 홍보를 전공한 후 e스포츠 전문기자가 된 것은 어찌 보면 자연스러운 일이었다. 10년 정도 기자로 일하면서 코치, 감독, 프로게이머, 사무국 등 e스포츠 업계의 수많은 사람들을 만나고 취재했다. 자연스럽게 산업 중심에 있는 프로게임단의 구조와 업무에도 관심이 많아졌다. 그러던 중, 프로게임단 아프리카 프릭스로부터 사무국으로의 합류를 제안받았다.

　직업을 바꾸는 것은 쉽지 않은 선택이다. 하지만 기회는 불특정 소수에게 찾아오고, 그중에서도 준비된 사람만이 기회를 잡을 수 있다. 내가 업계에서 보고 듣고 고민했던 것을 토대로 프로게임단 모델을 만들어 나갈 수 있는 기회였다. 무엇보다 게임단 운영사인 아프리카TV가 지닌 e스포츠의 장기적인 비전에 공감했다. 더 이상 고민하지 않고 기회를 과감하게 잡았고, 사무국에서 새로운 날이 시작되었다.

매 순간 선수단과 함께

사무국에서 가장 기억에 남는 순간은 단연 처음 팀을 세팅할 때이다. 당시 팀이 탄탄한 입지를 갖춘 것은 아니었기 때문에 선수들과 접촉하고 계약을 진행하는 일이 쉽지 않았다. 그러나 고생해서 모인 멤버들이 예상을 깨고 국내 리그 결승전에 진출하고, 세계 무대까지 섰을 때의 뿌듯함은 힘들었던 과정을 잊게 했다.

리그 오브 레전드 팀의 김기인(닉네임 '기인') 선수를 영입한 것도 기억에 남는다. 팀에서 연습 환경을 만들고 피드백을 제공했을 때 가장 성실하게 따르고 스폰지처럼 흡수한 선수였다. 사무국 입장에서는 프로게이머 육성의 이상적인 케이스가 되었다. 팀이 선수에게 영향을 끼치는 것 이상으로 선수도 팀에 영향을 준다. 팀이 여러 과정을 통해 선수를 한 단계 성장시킬 수 있다면, 동시에 성장한 선수의 사례를 모범으로 새로운 트레이닝 과정을 만들 수 있다.

선수단과 사무국이 서로의 역할에 충실하고 성과를 공유하면 최고의 파트너가 된다. 하지만 한 팀에 오래 머무르는 선수가 많지 않기 때문에 이는 쉽지 않다. 그래서 선수들에게 팀의 비전을 제시하고 신뢰를 쌓는 것이 더욱 중요하다. 어떤 형태로든 선수와 헤어지는 것은 언제나 아쉽다. 하지만 사무국도 선수도, 각자의 의무를 다하는 데 최선을 다했다면 헤어짐이 큰 부담이 되지는 않는다.

사무국에서 일한다는 것

e스포츠팬은 특정 종목에서 선수와 팀을 접하지만, 사무국을 기준으로 보면 여러 e스포츠 종목을 두루 운영하는 경우가 많다. 아프리카 프릭스의 경우도 리그 오브 레전드, 배틀그라운드(PUBG), 하스스톤 등 다양한 종목의 프로게임단을 운영하고 있다. 종목마다 리그의 성격, 팬층의 구성과 특징, 시장 규모에 이르기까지 특성이 제각기 다르다. 당연히 사무국도 이에 맞추어 팀별로 운영 방식을 달리 해야 한다. 선수단은 한 종목의 게임과 경기 결과에 집중해야 하지만, 사무국에서 일하려면 특정 종목에 치우치기보다는 다양한 종목과 e스포츠 산업 전반에 대한 이해가 필요하다.

사무국에서 하는 일은 그 범위가 무척 넓다. 게임단 매니지먼트, 콘텐츠 제작, 스폰서십 마케팅이나 게임단 사업모델 구축 등 다양한 역할을 해야 한다. 최근 프로게임단 사무국에서는 자생력을 갖추는 데 많은 관심과 노력을 기울이고 있다. 현실적으로 선수단 운영과 사무국의 사업 전략 사이에서 고도의 밸런스가 요구된다. 선수단을 스트리밍이나 마케팅 이벤트에 적극적으로 참여시키면 연습 집중력이 떨어지고, 반대로 대외 행사를 모두 차단하면 성적이 좋더라도 상대적으로 브랜드 가치가 낮아진다. 이 가운데에서 최적의 지점을 찾는 것이 사무국장으로서 고민하는 여러 과제 중 하나이다.

사무국에서 내일을 꿈꾸는 친구들에게

단순히 게임이 좋고 e스포츠에 관심이 많다고 해서 막연하게 게임단 사무국의 진로를 희망하는 것은 추천하지 않는다. 오히려 지식을 쌓고 자신만의 주특기를 만드는 것이 중요하다. 사진이나 영상 등 미디어 콘텐츠를 전문적으로 만들 수 있거나 커뮤니케이션 능력이 뛰어나다는 등 자신만의 색깔이 있어야 한다. 여기에 글로벌 역량도 점차 중요해지고 있다. 처음 일을 시작할 때부터 뛰어난 영어 실력이 필요한 것은 아니지만 향후 해외 지역과의 교류와 선수 이적이 활발해질 수 있기 때문에 꾸준한 자기계발이 필요하다.

나의 꿈은 향후 수십 년 이상 지속 가능한 비즈니스 모델을 만들어 우리 팀이 명문 프로게임단의 성공 사례가 되는 것이다. 이를 토대로 전 세계 e스포츠인과 교류하며 경험과 노하우를 나누고 싶다. 언젠가 프로게이머, 스태프와 함께 e스포츠 테마 복합 문화 공간을 만드는 것도 꿈꾼다. 시간이 지나고 나이가 들어도 게임을 통한 직업인으로서 살고 싶다.

프로게이머가 아닌 이상 e스포츠 업계에 얼마나 빨리 발을 들이느냐는 크게 중요하지 않다. 조급해 하지 말고 내가 하고 싶은 일의 롤모델을 찾는 등 구체적으로 미래를 상상해 보았으면 한다. 어느 분야에서든 환영받는 사람이 된다면, 이곳에서도 많은 기회를 만날 수 있을 것이다. 내가 매일 숨 쉬는 오늘과 꿈꾸는 내일에, 함께할 친구들을 기다리고 응원한다.

2. e스포츠 에이전트

e스포츠
에이전트란?

e스포츠를 포함한 프로 스포츠 시장에서는 시즌이 끝나도 팬들의 열기가 식지 않는다. 오히려 그 어느 때보다 불타오른다. 정규 시즌만큼 흥미진진한 이적 시장이 열리기 때문이다. 선수들이 휴가를 보내는 비시즌에는 팬들의 눈에는 잘 보이지 않는 곳에서 누구보다 바쁘게 움직이는 스포츠 에이전트가 있다.

에이전트는 선수의 커리어에 관련된 업무를 대신해 주는 **전문가**다. e스포츠 종목에서도 국경을 넘나드는 영입과 이적이 많이 일어남에 따라 자연스레 에이전트 직업이 탄생했다. 한국 프로게이머들은 가까이는 중국부터 유럽, 미국, 남미까지 다양한 지역의 팀과 계약하는데, 언어가 달라 민감한 문제들이 종종 발생한다. e스포츠 에이전트는 팀과의 계약 시 선수가 보다 나은 대우를 받을 수 있도록 돕고 지속적으로 선수 생활을 관리해 준다. 에이전트를 선임함으로써 선수는 온전히 경기력 향상에만 집중할 수 있다.

e스포츠 에이전트가 하는 일

에이전트는 **선수를 대신하여 프로게임단과 계약을 체결**한다. 전통 스포츠와 달리 프로게이머는 대부분 일 년 단위로 계약한다. 때문에 연말이면 대부분의 선수들은 FA(Free Agent, 자유계약) 상태가 되어 **새로운 팀을 찾아**야 하는 상황에 놓인다. 에이전트는 자신이 대리하는 선수를 팀에 홍보하고 추천해 이적 기회를 만든다.

다음 시즌의 행선지가 정해지면 이제 **협상**을 한다. 선수가 원하는 조건과 팀이 제시하는 조건 사이에서 적절한 타협점을 찾는다. 선수가 최선의 기회와 보다 나은 연봉을 얻을 수 있도록 에이전트는 협상 과정에 많은 공을 들인다.

협상이 마무리 단계에 접어들면 **계약서 세부 내용을 검토**한다. 각 항목의 적법성을 판단함과 동시에, 계약서 항목들의 숨은 뜻을 읽어야 한다. 혹시 선수에게 일방적으로 불리한 독소 조항은 없는지 꼼꼼하게 확인한 후 최종 계약을 한다.

시즌 중 선수 생활을 관리하는 것도 에이전트의 몫이다.

프로게이머는 국내외를 막론하고 대부분 합숙 생활을 하기 때문에, 에이전트 업무 중 생활 관리의 비중은 적은 편이다. 팀에서 제공하지 않는 교통편 예약이나 해외 송금과 같은 업무가 가끔 있는 정도다. 보다 중요한 업무는 시즌 중 팀과 선수 간에 계약상 위반 사항이 없는지 체크하는 것이다. 또한 팀과 선수 사이에서 마찰이 발생하면 선수의 대리인으로서 문제 해결을 위해 적극적으로 개입한다.

e스포츠 관계자를 만나 **네트워킹** 하면서 **정보를 수집**하는 것도 에이전트의 중요한 업무다. 선수, 코칭스태프, 사무국 등 업계 관계자와 지속적으로 소통하면서 가장 최신 정보를 발 빠르게 습득해야 한다. 동시에 e스포츠 시장의 동향과 트렌드를 파악하고, 국내외 수많은 팀들의 경기 실적을 줄줄 꿰고 있어야 한다. 그 과정에서 "이 팀에서 약점으로 꼽혔던 포지션을 강화하려고 한다"거나, "그 선수가 예정보다 이르게 FA시장에 등장한다"와 같은 정보를 남들보다 한발 먼저 알게 되고, 이는 에이전트에게 최고의 기회로 이어지기 때문이다.

e스포츠 에이전트의 생활

e스포츠 에이전트의 생활은 딱 잘라 말하기 무척 어렵다. 규칙적으로 반복되는 일상 업무보다는, 선수나 팀에서 발

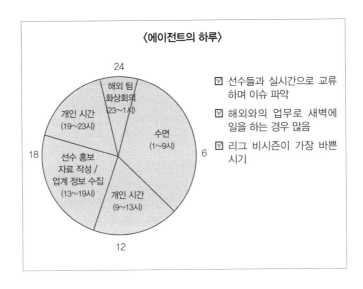

〈에이전트의 하루〉

24

해외 팀 화상회의 (23~1시)

개인 시간 (19~23시)

수면 (1~9시)

18

선수 홍보 자료 작성 / 업계 정보 수집 (13~19시)

6

개인 시간 (9~13시)

12

☑ 선수들과 실시간으로 교류 하며 이슈 파악

☑ 해외와의 업무로 새벽에 일을 하는 경우 많음

☑ 리그 비시즌이 가장 바쁜 시기

생하는 이슈에 따라 일이 생기기 때문이다.

리그 시즌 중에는 에이전트가 사무실에 가만히 앉아서 할 수 있는 일은 많지 않다. 자유롭게 오전 시간을 보내고 1시쯤 출근해, 선수들의 간단한 요청사항을 처리한다. 홈 페이지나 SNS를 통해 선수의 활약상을 정리한 홍보자료를 만들어 게시하거나, 월급이 잘 지급되고 있는지 확인하는 등 선수를 지원하는 업무를 한다. 별다른 이슈가 없는 날에는 저녁 즈음 퇴근해 여유로운 저녁 시간을 즐길 수 있다.

다만 업무 파트너가 대부분 해외에 있기 때문에 퇴근 후에도 에이전트의 업무는 계속된다. 심도 있는 논의가 필요한 경우 메일이나 메신저보다는 화상회의를 통해 해외 업무 파트너와 마주하는데, 시차로 인해 밤늦은 시간에 회의가 잡히는 경우가 종종 있다.

리그가 종료되면 에이전트에게는 성수기가 시작된다. 그 중에서도 11~12월은 일 년 중 가장 바쁜 시기이다. 선수들의 계약이 종료되고, 팀도 다음 해의 선수단을 꾸리는 이적 시장이 열리기 때문이다.

담당하는 선수에게 꼭 맞는 팀을 찾아 최적의 조건으로 계약을 성사시키기 위해, 에이전트는 목이 쉴 때까지 통화하고 발이 닳도록 뛰어다닌다. 계약 협상 과정은 그야말로 긴장의 연속인데, 특히 선수와 팀의 요구 조건이 팽팽하게 맞서는 경우는 더욱 그렇다.

이 시기에는 반대로 게임단에서 특정 선수를 영입해 달라고 요청하는 경우도 종종 있다. 이적 시장 막바지쯤 여러 협상과 요청이 겹치면 퇴근은 기약이 없는 경우가 많다.

e스포츠 에이전트의 장단점

e스포츠를 사랑하지만 프로게이머가 되는 재능은 갖추지 못한 사람들에게 에이전트는 최고의 직업이다. 가까운 곳에서 선수를 직접 관리하며 함께 성장하는 **보람**을 느낄 수 있기 때문이다.

에이전트는 계약을 성사시키는 데 따른 수수료로 수입을 얻는데, 일반적으로 선수 연봉의 3~10% 수준으로 수수료가 책정된다. 자신이 관리하는 선수의 가치가 높아질수록 에이전트의 수입 역시 상승한다. 선수를 보는 안목과 협상력을 갖추었다면, **자신의 능력에 비례하여 높은 수입을 창출할 수 있다**는 점도 에이전트의 매력이다.

반면 에이전트 업무에 따른 **높은 스트레스**는 단점으로 꼽힌다. 자신이 추천한 선수의 경기력이 나빠지거나 계약상 문제가 발생할 경우, 에이전트는 팀과 선수 모두에게 비난을 받는 불리한 입장이 된다. 선수의 경기 결과에 늘 촉각을 곤두세워야 하고, 사람들을 끊임없이 만나야 하는 직업 특성상 감정 소모도 크다.

불안정한 수입 역시 불안 요소다. 에이전트 수입은 담당 선수의 연봉 규모에 비례하기 때문에, 한없이 낮을 수도 있다. 아직 e스포츠 에이전트라는 직업이 보편화되지 않았기 때문에, 중소기업 수준의 수입을 기대하는 것이 현실적이다.

e스포츠 에이전트 전망

아직까지 e스포츠 선수들에게 에이전트는 생소한 개념이다. e스포츠가 프로 스포츠 리그의 형태와 규모를 갖춘 것이 얼마 되지 않았기 때문이다. 그러나 국내 선수들의 해외 진출이 활발해짐에 따라, 에이전트 고용 비율도 높아지고 있다. 특히 일부 해외 지역에서 계약 기간 도중에 선수가 일방적으로 방출당하거나 성적 부진을 이유로 급여를 받지 못하는 등 피해 사례들이 발생하면서 에이전트의 필요성이 대두되고, 수요도 증가하는 추세이다.

국내 선수단의 규모와 연봉 수준은 나날이 상승하고 있으며, 해외의 대대적인 투자로 산업 규모가 가속 성장하고 있다. 선수들의 전반적인 연봉 상승 추세에 따라 자연스레 에이전트의 기대 수익도 증가하고 있다.

최근 국내 프로게임단은 2군이나 자체 아카데미 운영을 통해 신인 선수 발굴에 노력을 기울인다. 이러한 흐름에 발맞추어 에이전트도 단순한 대리인을 넘어, 유망한 선수를 조기에 발굴하고 육성하는 역할까지 확장될 것이다.

e스포츠 에이전트가
되려면?

e스포츠 에이전트 필요 역량

① 협상 및 대인 관계 기술

에이전트는 기본적으로 사람을 대하는 직업이다. 선수나 팀 관계자와 우호적인 관계를 형성하고 유지하는 것은 에이전트에게 필수이다. 선수나 팀 어느 한쪽과 관계가 좋지 않다면, 평판이 중요한 에이전트 사업을 지속할 수 없다. 선수의 조건을 최대한 높이면서 팀과의 관계도 해치지 않는 협상 능력과, 협상 과정에서 민감한 사항도 세련되게 전달하는 소통 능력을 갖추어야 한다.

② 외국어 능력

우리나라 선수를 고객으로 국내 팀과만 거래한다면 외국어 능력은 굳이 필요하지 않다. 그러나 선수에게 보다 다양한 기회를 제공함과 동시에 높은 수익을 얻기 위해서, 해외 팀과의 이적 네트워크는 필수이다. 해외에 진출한 선수는 게임 내에서의 소통과 일상생활에 쓰이는 간단한 회화 정도의 외국어 실력이면 되지만, 에이전트는 외국어로 된 계약서를 검토하고, 계약 조건을 협상할 수 있을 정도로 높은 수준의 외국어 실력을 갖추어야 한다.

③ 법률적 지식과 종목에 대한 이해

에이전트의 가장 중요한 업무가 선수 계약 체결과 법률 보호인 만큼, 계약과 관련된 법률은 깊이 있게 알아야 한다. 계약서 각 항목의 적법성은 물론 문구 이면에 숨겨진 의미도 파악해야 한다. 선수를 발굴하고 팀의 필요에 맞는 선수를 적절하게 추천하는 것 또한 에이전트의 중요한 역할이다. 이를 위해서는 대회 규정과 선수의 실적뿐만 아니라, 경기 흐름의 변화도 꿰뚫고 있어야 한다.

e스포츠 에이전트 되는 법

e스포츠 에이전트는 아직 걸음마 단계에 있는 직업군이다. 때문에 e스포츠 에이전트가 될 수 있는 기회 역시 무척 한정적이다.

에이전트들이 모여서 일하는 **e스포츠 에이전시**에 들어가는 방법이나, 선수와 **직접 매니지먼트 계약**을 하면서 에이전트 업무를 시작할 수 있다. 국내에는 약 3개 정도의 전문 e스포츠 에이전시가 있고, 개인적으로 활동하는 일부 에이전트가 있다. 이렇듯 현재는 진입 장벽이 높은 것이 현실이다. 에이전트로의 진로를 꿈꾼다면, e스포츠 업계 내에 다른 직업으로 시작해 선수나 관계자들과 네트워크를 먼저 쌓는 것을 추천한다. 에이전트 수요는 점차 늘어날 것으로 전망된다. 따라서 에이전트에게 요구되는 능력을 골고루 갖추고, e스포츠계 내에서 탄탄한 인적 네트워크를 구성한다면 기회를 얻을 수 있을 것이다.

김대한

현(現) 이앤프로스포츠 에이전트

"급여 지급일이 지났는데 팀 관계자도 안 보이고 소식이 없어요."

늦은 밤 담당 선수로부터 온 연락으로 메신저 알람이 울린다. 다양한 사건 사고를 접하는 에이전트에게 이 정도는 당황할 일도 아니다. 먼저 선수와 팀의 계약서를 찾아 관련 조항과 급여 지급일을 체크한다. 팀 매니저에게 요구 사항을 전하고 현지 파트너 에이전트에게 상황을 공유한다. 해외 리그에는 체계적으로 운영하는 팀이 많지 않아 꾸준한 관리가 필요하다. 다행히 몇 시간 뒤인 새벽 3시, 팀 관계자로부터 행정 문제로 급여 지급이 늦어졌다는 연락이 왔다. 다행이다. 선수를 안심시키고 다시 잠을 청한다.

프로게이머 대신, 그들의 꿈을 보호하는 에이전트로

스포츠를 좋아하는 사람이라면, 한 번쯤은 프로 선수를 꿈꿨을 것이다. 화려한 무대에서 자신의 실력을 뽐내고, 주인공이 되는 상상은 가슴을 설레게 한다. 하지만 모두에게 주어지는 기회는 아니다. 특별한 재능을 가진 소수의 사람만이 프로 선수의 길을 걷는다. 스포츠에 미쳐 있던 나는 이 사실을 어릴 때부터 알았다. 그래서 직접 선수가 되기보다는 그들의 영광을 함께 나눌 수 있는 든든한 조력자가 되고 싶었다. 그렇게 스포츠 에이전트라는 직업에 관심을 갖기 시작했다.

그러던 중 어릴 때부터 즐겨 하던 e스포츠가 눈에 들어왔다. 스타급 프로게이머들이 트위터 같은 SNS를 통해 새로운 팀을 찾는다는 사실이 이해되지 않았다. '왜 선수들이 불안정하게 커리어를 이어 나가야 하는 걸까?', '에이전트라는 직업은 왜 e스포츠에 도입되지 않았을까?'. 나의 생각과 마찬가지로 이미 이런 질문을 던지며 e스포츠 에이전트 사업에 뛰어든 회사가 있었다. 나는 여러 번의 면접을 거쳐 지금의 에이전시에 입사해 일을 시작했다.

황무지에 있는 프로게이머를 보호한다는 것

교육을 받고 본격적으로 해외에서 활동하는 선수들을 만

나 이야기를 듣다 보니 생각보다 더 충격적인 일이 많았다. 팀 매니저가 폭언을 하거나, 일방적으로 방출 통보를 하고는 한국으로 돌아가는 비행기 표조차 지급하지 않는 사례도 있었다.

e스포츠 내에 선수들을 보호하는 체계가 제대로 잡혀 있지 않았기 때문이다. 규모 성장에 집중했던 e스포츠는 선수의 권익 보호보다는 팀 운영의 자율성을 보장하는 쪽으로 발전했다. 때문에 팀이 선수를 쉽게 교체하고, 압도적으로 유리한 위치에서 협상하는 것이 익숙한 분위기였다. 최근 북미와 유럽 e스포츠는 선진적인 프로 스포츠 시스템이 도입되면서 점차 안정화되는 추세이지만, 중국이나 터키처럼 여전히 선수 보호의 사각지대인 곳도 존재한다. 따라서 지속적으로 선수의 급여 지급을 확인하는 기본적인 일은, e스포츠에서는 가장 중요한 에이전트 업무 중 하나다. 황무지 같이 척박한 환경에 놓여 있는 선수들을 보호하는 가림막이 여태까지 없었다는 것은 매우 안타까운 일이다. 하지만 지금이라도 늦지 않았다는 생각으로 내 일에 최선을 다하려고 한다.

내 손으로 만든 선수의 성공

반복되는 계약 사항 체크와 줄다리기 협상 등 에이전트

의 삶은 머리가 복잡한 일들의 연속이다. 그럼에도 중요한 계약을 성사시킨 날에는 모든 피로가 말끔히 사라진다.

회사에 들어와 처음으로 맡은 선수의 일이 떠오른다. 이 선수는 여름 이적 시장에 소속팀에서 나오게 되었는데, 선수 등록 마감일이 얼마 남지 않아 자칫하면 반년을 무소속으로 보내야 할 상황이었다. 회사의 모든 네트워크를 동원해 선수 소개서와 분석 리포트를 여러 팀에 전달했다. 마감 이틀 전, 기적적으로 해외 팀에서 연락이 왔다. 원래 영입을 진행하던 선수가 다른 팀으로 가서, 때마침 내가 보낸 선수 소개서를 보고 영입을 결정했다는 것이다. 일사천리로 협상과 계약을 진행하고 다음 날 인천국제공항까지 선수를 배웅했다. 이 선수는 현재 리그 내 상위권에서 활약하고 있다. 아직 어린 선수인지라 지나친 자신감을 보일 때마다 따끔한 잔소리도 한다. 그만큼 친한 형, 동생 같은 사이로 서로 격의 없이 고민을 나눈다. 그는 내가 꿈꾸던 프로 무대의 영광을 대신 전해 주는 멋진 선수이다. 이 선수가 경기에만 집중하도록 돕는 나도 멋진 전문가라고 생각한다.

더 나은 내일을 믿으며 노력하는 오늘

e스포츠 에이전트라는 직업은 많은 오해를 받는다. 더 큰

수익을 위해 선수를 잘못된 방향으로 이끈다든가, 협상의 유리함을 위해 거짓말을 일삼는다는 비난은 이제 익숙하다. 팀은 에이전트가 과도한 수수료를 요구할 것이라고 경계하고, 선수는 에이전트라는 직업이 생소한 만큼 의구심을 품는다. 이러한 부정적인 시선이 느껴질 때면 마음이 아프다. 그럼에도 스스로를 다잡는 것은 에이전트가 꼭 필요하다는 믿음이 있기 때문이다.

프로게이머 연봉 수준은 빠르게 높아지고 있지만, 아직 온전한 프로 선수로 보호 받지 못하고 있다. 당장 다음 시즌에 계약이 될지 안 될지 모르는 상황에서, 많은 선수들은 세부 내용을 확인할 시간도 없이 계약서에 사인한다. e스포츠 에이전트는 선수들이 계약에서 부당한 대우를 받지 않고 스스로의 가치를 지키기 위해 꼭 필요한 존재이다.

선수들이 피땀 흘려 연습하는 만큼, 에이전트도 선수의 보호를 위해 매일같이 경기를 분석하고, 외국어를 공부하고, 법률 지식을 쌓는다. 언젠가는 에이전트가 선수를 통해 돈을 벌어가는 사람이 아닌, 선수를 보호하는 파트너로 받아들여지는 날이 올 것이라 굳게 믿는다.

3. e스포츠 아카데미 강사

e스포츠 아카데미
강사란?

프로게이머가 되는 법을 가르치는 직업이 있다? 그 누구보다 간절하게 프로게이머를 꿈꾸지만 막상 어디서부터 시작해야 할지 몰라 막막해 하는 지망생들이 많다. 그들이 가능성과 재능을 발현할 수 있도록 이끌어 주는 선생님, 바로 e스포츠 아카데미 강사이다.

아카데미란 어떤 곳인가

아카데미 강사를 알기 위해서는 먼저 아카데미가 어떤 곳인지 알아야 한다. 'e스포츠 아카데미', '게임 아카데미' 등 다양한 이름으로 불리는 이곳은 e스포츠 선수의 육성을 위한 사설 교육기관, 쉽게 말하자면 **프로게이머 학원**이다. '게임을 돈을 주고 배운다니?'라고 생각할지 모르지만 상담을 받으러 온 지망생의 표정도, 학부모의 눈빛도 진지하기만 하다. 아카데미란 어떤 곳일까?

화가를 꿈꾸는 학생이 그림을 더 잘 그리기 위해 미술학원을 다니는 것은 자연스럽다. 아이돌 가수를 희망하는 아이가 보컬트레이닝을 받는 것도, 수영선수가 되고 싶은 친구가 수영 강습을 듣는 것도 어색하지 않다. 그런데 왜 유독 프로게이머 학원이라고 하면 낯설게 느껴질까? 아마도 우리에게 e스포츠는 아직 여가 혹은 놀이라는 인식이 강하기 때문일 것이다. 노는 법을 배운다는 것은 매우 어색한 일이니까.

물론 많은 사람들이 e스포츠를 여가로 즐기고, 아카데미에도 게임을 놀이로 더 잘 즐기기 위해 강습하는 취미반이 있다. 하지만 e스포츠가 직업으로 확장된 것이 프로게이머이고, 아카데미 원생들은 프로게이머 데뷔라는 명확한 직업적 목표를 갖고 있다.

온라인 게임과 e스포츠는 동의어가 아니다. 온라인 게임이 e스포츠화 되려면 몇 가지 조건이 필요하다. 그중 가장 큰 특징은 상대편과의 대결을 통해 승부가 정해진다는 것이다. 아카데미에서는 게임을 하는 법이 아니라 게임에서 '이기는 법'을 가르친다.

아카데미 강사가 하는 일

아카데미 강사는 게임 실력이 향상되도록 다양한 방법으로 학생을 지도한다.

가장 **기본 업무는 물론 수업이다.** 수업은 크게 이론과 실습(코칭)으로 나뉜다. 이론 수업에서는 e스포츠 산업 전반에 대한 기초 소양 교육을 비롯하여 게임에 적용되는 전술·전략 이론을 폭넓게 다룬다. 학생 수준에 맞추어 커리큘럼을 짜는 일부터 강의 자료를 준비하고 수업하는 것 모두 강사 몫이다. 실습은 학생 한 명 한 명 플레이에 맞추어 개별 코칭으로 진행한다. 수강생의 경기 영상을 함께 보며 플레이 스타일에 맞추어 개선점이나 방향성을 피드백 한다. 혼자서는 아무리 많이 연습해도 알기 어려운 나쁜 버릇과 약점을 잡아 주는 것만으로도 실력이 일취월장 하는 경우가 많다.

정기적으로 수강생들과 상담 시간도 갖는다. 수업 시간에는 게임 전략이나 기술에 대해 다루는 반면, 상담에서는 학생들의 진로나 생활에 대한 고민을 듣고 조언한다. 특히 아직 프로의 길이 멀게만 보이는 어린 수강생들의 경우, 성장을 위해 스스로가 더 집중할 수 있도록 동기부여를 하는 것도 강사의 중요 업무 중 하나다.

아카데미에 따라서 학부모 상담이나 문의 응대 등의 역

할까지 강사가 겸하는 경우도 있고, 국제대회에서 적용할 수 있도록 기본 매너와 기초 영어회화 등을 가르치는 곳도 있다.

아카데미 강사의 생활과 장단점

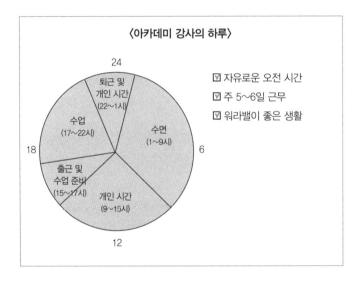

〈아카데미 강사의 하루〉

24

퇴근 및
개인 시간
(22~1시)

수업
(17~22시)

수면
(1~9시)

☑ 자유로운 오전 시간
☑ 주 5~6일 근무
☑ 워라밸이 좋은 생활

18

6

출근 및
수업 준비
(15~17시)

개인 시간
(9~15시)

12

아카데미 강사의 하루는 비교적 늦게 시작된다. 프로게이머를 지망하는 원생 대부분이 중·고등학생이기 때문에 오전에 수업이 있는 경우는 거의 없다. 점심을 먹고 오후에 출근해 원생들의 경기 전적을 점검하고, 게임 관련 커뮤니티 사이트나 경기 영상 등을 보며 수업에 참고할 자료들을 체크한다.

이론 수업을 진행할 때에는 학생들을 모아서 한 번에 강의하지만, 실습은 다르다. 원생들이 실시간으로 경기를 하고, 매 경기마다 플레이 영상을 함께 보면서 피드백 해야 하기 때문에 엄청난 집중이 필요하다. 원생마다 문제점을 파악해 알기 쉽게 설명하고 나면 수업시간은 어느새 끝난다. 두세 타임의 수업을 하면 퇴근할 시간이다. 수업 이후 개인적으로 물어오는 원생들의 질문에 답을 해 주고 하루를 마무리한다.

아카데미 강사의 장점으로는 무엇보다 **안정성**과 **자유 시간**을 꼽을 수 있다. 생활은 규칙적이고, 실적을 내야 한다는 압박감이나 부담도 적은 편이다. 특히 게임 플레이를 코칭한다는 측면에서 비슷한 '프로팀 코치'와 비교해 보면 이해가 쉽다. 프로팀은 경기 성적이 좋지 않으면 계약 종료로까지 이어지는 만큼 성과에 대한 압박이 크다. 반면 아카데미 강사는 상대적으로 성과 달성에 대한 부담이 적고 업무 강도도 덜하다.

또한 합숙 생활을 하며 매 시간 선수들과 함께 보내는 코치와 달리, 아카데미 강사는 정해진 일과 시간이 끝나면 자유롭게 개인 시간을 보낼 수 있다. 소위 말하는 워라밸 (work-life balance)이 가능하다.

하지만 아카데미 강사는 사람을 상대하는 직업이므로 단점도 있다. 사춘기 학생을 매일 대해야 하는 일인 만큼 세대 차이로 학생들을 이해하고 공감하는 데 어려운 경우도 많고, 강의 도중 예상치 못한 반발이나 돌발 행동에 맞닥뜨리는 경우도 종종 있다. 이런 학생들의 태도에 감정적으로 반응하지 않고 **스트레스**를 잘 관리하는 것이 무엇보다 중요하다.

아카데미 강사 전망

아카데미 강사는 생긴 지 얼마 되지 않은 직업이지만, 최근 선수 육성에 대한 요구가 커짐에 따라 그 수요가 늘어날 것으로 전망된다. 서울을 중심으로 등장한 아카데미 학원은 점차 지방 주요 도시에도 하나둘 생기는 추세이다.

프로팀 코치 수준의 연봉과 안정된 생활이 보장되는 만큼, 프로게이머 은퇴 후 커리어로도 연계가 가능해 지금보다 경쟁도 심화될 것으로 예상된다.

자신만의 코칭 노하우를 끊임없이 개발하여 강사로서의 역량을 확보하는 것이 성공적인 커리어의 핵심이 될 것이다. 아카데미 시장이 성장하며 학원 간 경쟁이 치열해질수록 뛰어난 강사를 찾는 이도 많아지기 때문이다.

비슷한 역량이 요구되는 타 직업으로의 전환도 가능하

다. 소속 연습생들의 훈련 및 교육을 위해 운영되는 프로팀 내 아카데미 강사, 혹은 프로팀 코치로의 이동도 활발해질 것으로 예상된다.

아카데미 강사가
되려면?

아카데미 강사 필요 역량

① 게임 이해도

장르에 따라, 또한 개별 종목에 따라 게임에는 각기 다른 메커니즘과 법칙이 존재한다. 이 법칙을 이해하고 분석해 게임의 전략을 구성, 실행하는 능력이 바로 게임 이해도인데, 프로게이머의 필수 자질로 꼽힌다. 따라서 프로게이머 지망생을 지도하는 강사에게도 필수적으로 요구되는 역량이다. 단순히 개별 게임 내에서 컨트롤 능력뿐만 아니라 전략적 사고나 게임 관련 지식도 함께 갖춘다면 더욱 좋다.

② 잘 가르치는 능력

뛰어난 수학자라고 해서 반드시 수학 명강사가 되는 것

은 아니다. 그렇듯 '잘 아는 것'과 '잘 이해시키는 것'은 다른 영역이다. 학생 개개인의 이해 수준이나 발달 정도를 정확하게 파악하여, 필요한 지식을 쉽고 명확하게 전달할 수 있는 의사소통 능력을 갖추는 것이 핵심이다. 이에 더해 학생들의 눈높이에서 고민을 들어주는 공감 능력과, 자신이 가르친 원생들의 실력이 향상되는 성과를 보여 주면 금상첨화이다.

아카데미 강사 되는 방법

아카데미 강사의 채용 방식은 다양하다. 타 아카데미 강사를 스카우트 하거나, 주변인 추천으로 프로팀 코치를 영입하기도 하고, 공개 채용을 하기도 한다. 강사의 구체적인 자격 요건은 아카데미별로 다르지만, 대부분 **프로게이머 출신**을 선호하며 **코치 경력**이 있다면 플러스로 작용한다.

프로게이머 경력이 선호되는 이유는 여러 가지이다. 우선 높은 경쟁을 뚫고 데뷔해 프로 선수로 활동했다는 사실이, 게임 이해도라는 역량을 보장하기 때문이다. 또한 프로 선수로 생활한 경험은 지망생들의 고민이나 고충을 보다 깊게 공감할 수 있기 때문에 지도에 유리하다.

하지만 프로 선수 경험이 없더라도 높은 수준의 게임 이해도와 지도 능력이 있다면 충분히 도전 가능한 직업이다.

특히 프로게이머로 데뷔하지는 않았지만 **게임 내 높은 등급을 유지**하고 있는 경우, 지도 능력만 인정된다면 아카데미 강사로의 진로도 생각해 볼 수 있다.

홍승표 /
전(前) 스타크래프트2 프로게이머(한국 슬레이어스),
리그 오브 레전드 감독(브라질 Pain gaming),
현(現) 한국이스포츠아카데미 강사

"코치님~ 빨리 게임 들어오세요! 저희 이제 시작해요!"

퇴근 후 집에 도착해 옷을 갈아입으려는 찰나, 학생으로부터 메시지가 온다. 수업이 끝나고 집으로 돌아간 학생들이 게임 서버에 들어와 있다. 팀을 이루어 경기를 시작하는 학생들의 플레이를 관전한다. 한참 게임이 치열해지자 수업 시간에 지적했던 나쁜 버릇이 또 나온다. "팀원 위치 체크 안 한 상태에서 나만 유리하다고 교전을 시작하니까 이렇게 결국 손해 보는 거야", "이유 있는 플레이를 해야지, 눈앞의 상대만 보지 말고" 하며 학생들에게 바로 피드백한다. 수업 시간에 코칭을 하지만, 플레이를 함께하며 알려주면 학생들이 보다 쉽게 이해하고 적용도 금방 한다. 이번 게임의 결과는 승리. 그렇게 자체 방과 후 수업이 끝난다.

프로게이머, 코치 그리고 감독에서 아카데미 강사로

"관심만 가진다면 한국인은 어떤 e스포츠 종목이든 지배할 것이다"라는 얘기가 있다. e스포츠에서 한국인이 두각을 드러내지 않은 종목이 없고, 프로게이머를 뒷받침하는 체계적인 프로게임단 시스템이 한국에는 갖추어져 있다. 그렇다면 프로게이머로 데뷔하기 전은 어떨까?

우리나라의 e스포츠 관련 교육 훈련은 아직 기반이 부족하다. 프로게이머 지망생들은 어떻게 시작해야 할지를 몰라서 힘들어 하는 경우가 많다. 친구들과 게임을 하다 스스로의 재능을 발견하지만, 스카우트 제의가 오는 일정 단계에 오르기 위해서 그저 맨땅에 헤딩하듯 게임만 막연히 한다. 그런 아이들에게는 가이드가 필요하다.

야구에 재능이 있는 아이가 팔꿈치 각도 하나만 잡아 줘도 제구력이 폭발적으로 좋아지는 것처럼, e스포츠도 게임의 메커니즘만 이해해도 실력이 큰 폭으로 향상된다. 나 역시 e스포츠 세계에서 실제로 경험했던 부분이다 보니, 조금의 지도로 어마어마한 시간 낭비를 줄일 수 있다는 것을 잘 안다. 선수로, 그리고 코칭스태프로 생활하면서 누구보다 그 필요성을 느끼고 있었다. 그래서 아카데미 강사 제안이 왔을 때 "하겠다"고 답할 수밖에 없었다.

어미새의 마음으로, 성장을 목도한다는 즐거움

게임 실력이라고 하면 크게 신체 능력과 전략적 사고 능력 두 가지를 꼽는다. e스포츠에서 소위 피지컬이라고 불리는 신체 능력은 손 빠르기, 반응 속도, 정확도 등 물리적인 게임 컨트롤 능력을 말한다. 그리고 여기에 대비되는 단어로 뇌지컬이 있는데 게임 캐릭터나 지형지물에 대한 이해 및 활용, 심리전, 판단력 등 전략적 사고 능력을 뜻한다. 종목에 따라 피지컬이 더 많이 요구되는 게임이 있고, 뇌지컬이 중요한 게임도 있다.

아카데미에서는 뇌지컬에 보다 집중하여 교육한다. 피지컬은 반복 훈련을 통해 일정 부분 개선할 수 있지만 가르치는 데에는 한계가 있다. 반면 뇌지컬은 지도를 받으면 큰 폭으로 향상된다. 특히 팀 대결이 주를 이루는 e스포츠 게임은 수학적인 측면이 많아, 게임의 원리를 이해하며 경기할 때와 그렇지 않을 때의 승리 확률 자체가 다르다. 많은 사랑을 받는 인기 게임의 경우 마치 수학 공식처럼 전략과 이론이 연구되고 있다. 이 기준을 배우고 반복 연습을 통해 플레이에 적용하면, 처음 접하는 상황에 직면해도 순간적으로 반응하고 전략적인 판단을 할 수 있다.

물론 똑같이 지도해도 이를 소화하는 것은 학생들의 몫이다. "1 더하기 1은 2야"라는 공식을 알려 주면, "어, 그러면 2 더하기 2는 4겠네? 그럼 3 더하기 3은 6인가?"까지 스스로 생각하고 발전하려는 친구가 있다. 단순히 모르는 것을 배우는 것에서, 한 걸음 더 나아가려고 노력하는 학생이 빠르게 성장한다. 그리고 이 성장을 눈앞에서 지켜보는 것이야 말로 아카데미 강사에게는 최고의 보람이다.

한편 "1 더하기 1은 2래." 하고 거기에서 멈추는 친구도 있다. 이런 학생들에게서 최대한의 역량을 끌어내는 것이 진정한 내 역할이라고 느낀다. 프로팀에서 코치를 하면 거기서 멈추는 선수들은 거의 없다. 직업적으로 성장하고 싶기 때문에 하나를 알려 줘도 최대한의 노력을 한다. 그렇지만 아카데미 학생들은 아마추어다. 프로의 길이 너무 멀게 보이고, 시간이 많이 남은 것처럼 느낀다. 게임 한 판 한 판이 성장할 수 있는 기회인데, 하찮게 생각하기도 한다. 그렇기 때문에 절실함을 심어 주고 동기부여 하는 것이 중요하다. 학생들의 태도가 변화해 게임에 진지하게 임하는 모습을 발견할 때 무엇과도 비교할 수 없는 뿌듯함을 느낀다.

표현은 각기 다를지라도 꿈을 향한 한 명 한 명의 간절함은 모두 같다. 매일 이 어린 친구들의 꿈을 향한 여정을 함께하며, 성장을 이끌어 내는 것이 나에게는 자부심이다.

저녁이 있는 삶? 오전이 있는 삶!

이 일을 시작한 후 일상의 가장 큰 변화는 나의 공간, 나의 시간이 생겼다는 것이다. 합숙소로 돌아가지 않아도, 종일 경기에 신경을 곤두세우고 있지 않아도 온전히 내 자유가 보장되는 생활. 수업이 오후부터 저녁 늦게까지 이어지기 때문에 소위 말하는 '저녁이 있는 삶'은 먼 이야기이다. 하지만 아침에 일어나 운동하고, 미뤄왔던 책을 읽고, 점심을 먹어도 여유로운 자유 시간이 있다. 저녁이 있는 삶이 아니라 '오전이 있는 삶'이다.

물론 자유 시간에도 일을 온전히 놓지는 않는다. 일과 시간 외에도 각종 게임 관련 커뮤니티를 보며 수업에 도움이 될 자료를 찾고, 보다 이해하기 쉬운 지도 방법 개발에 공을 들인다. 퇴근 후에도 학생들의 게임을 보면서 코칭과 피드백을 한다. 물론 내가 좋아서 하는 일이지만, 동시에 앞으로 경쟁이 심화될 아카데미 분야에서 나만의 경쟁력을 갖기 위한 노력이다.

몸담고 있는 e스포츠 산업이 빠르게 변화하고 있는 만큼 미래를 또렷이 그리기는 쉽지 않다. 한 가지 확신할 수 있는 것은, 미래의 나 역시 어떤 형태로든 e스포츠와 함께하고 있을 것이라는 사실이다. 이렇게 단언할 수 있는 이유는 단 하나, 무엇보다 즐겁기 때문이다. 어렸을 때부터 나를 사로잡았던 게임의 매력은 한 번도 날 떠난 적이 없었고 앞으로도 계속될 것이다. 그 매력이 게임 종목을 바꾸면서도 계속 이 업계에 남게 했고, 선수로 활동하지 않는 지금도 밤 늦게까지 플레이에 빠지게 만든다. 매번 새로운 즐거움을 찾아갈 e스포츠, 그리고 나의 내일이 무척 기대되는 이유이다.

4. 게임 스트리머

게임
스트리머란?

    불과 몇 년 전만 해도 스트리머는 직업으로 인정받지 못했다. 하지만 이제 TV보다 유튜브가 친숙한 청소년들에게 스트리머는 연예인처럼 동경의 대상으로 자리 잡았고, 초등학생 희망 직업 조사에서 5위*를 차지하는 선호 직업이 되었다.

    스트리머는 인터넷 방송 플랫폼을 통해 콘텐츠를 송출하는 전문 방송인을 지칭하는 말로, BJ, 크리에이터 등 다양한 이름으로 불리기도 한다. 최근에는 영화, 요리, 노래, 춤 등 거의 모든 주제의 스트리머를 만날 수 있지만, 사실 이

●   한국직업능력개발원. (2018년 12월). 초·중등 진로교육 현황조사

런 1인 미디어의 전성시대를 연 것은 바로 **게임 콘텐츠**였다. 굳이 거창한 기획을 하지 않아도 게임 자체가 스토리와 재미를 담보했기 때문이다.

최근에는 은퇴한 프로게이머가 뛰어난 게임 실력을 바탕으로 인기 스트리머로 자리 잡고, e스포츠 해설자가 경기를 분석하는 콘텐츠로 방송하는 등 e스포츠와 게임 스트리밍 사이가 더욱 끈끈해졌다.

게임 스트리머가 하는 일

게임 스트리머의 업무는 기본적으로 **방송 준비**와 **진행**, 그리고 **방송 이후의 영상 콘텐츠 제작**으로 나뉜다. 좋아하는 게임을 할 뿐인데 준비할 게 뭐가 있을까 생각할 수도 있지만, 실상은 그리 간단하지 않다. 전체 스트리밍 시청자의 64%가 '게임을 주제로 한 방송을 본다'*라고 응답할 정도로 인기가 많은 만큼, 게임 카테고리 안에서의 경쟁도 치열하다. 어설프게 만든 방송은 시청자의 외면을 받을 수밖에 없다.

방송 콘텐츠를 기획하는 첫 단추는 어떤 게임을 플레이

• 나스미디어. (2017년 4월). 2017 인터넷이용자조사

할지 고르는 것이다. 지금 유행하는 게임을 선택하거나, 공포 게임이나 인디 게임*처럼 한 장르에 특화하여 시리즈물을 기획할 수도 있다. 선택을 완료했다면 다음은 시장 조사다. 비슷한 게임을 플레이한 다른 스트리머의 영상을 참고하고 연구한다. 자신만의 콘셉트와 대략의 방송 내용을 정리하면 준비 완료다.

방송을 진행하면서도 신경 쓸 부분은 많다. **게임을 플레이하면서 동시에 오디오가 허전하지 않도록 재미있는 멘트**도 곁들여야 한다. **실시간 채팅**도 놓치지 않고 읽으며, 시청자의 요청이나 피드백을 방송에 반영하는 것도 중요하다. 일방향인 TV방송과는 달리 자신들이 직접 참여해 소통할 수 있다는 점이, 시청자가 스트리밍 방송을 선호하는 이유 중 하나이기 때문이다.

방송이 끝나면 실시간 방송을 보지 못한 시청자를 위해, **본방송을 재미있게 편집하여 업로드**한다. 영상 편집 기술이 부족한 경우 별도로 편집자를 고용하기도 한다. 업로드한 동영상의 **반응을 확인하고 피드백** 하는 과정도 중요하다. 실시간 시청자 수와 함께, 동영상 조회 수와 댓글은 스

---

* 인디게임: 개인이나 소규모 단체가 적은 비용으로 개발한 게임

트리머 인기의 척도가 된다. 사람들이 어떤 콘텐츠와 기획을 좋아하는지 영상별 조회 수와 댓글 내용을 분석해 다음 콘텐츠 기획에 반영한다.

스트리머가 MCN°에 소속되어 있다면 이야기가 달라진다. MCN에서 아이디어 구상부터 방송 일정 관리, 영상 편집이나 저작권 관리까지 도움을 주기 때문이다. 스트리머는 자신이 잘할 수 있는 게임 콘텐츠로 방송을 재미있게 진행하는 데 집중하면 된다.

MCN에 소속될 정도로 인기 있는 스트리머라면 TV 출연이나 행사, 강연 참석과 같은 외부 일정에도 많은 시간을 쏟아야 한다.

게임 스트리머 생활

게임 스트리머는 보통 주 4~6회, 한 회당 4~6시간 정도 방송을 한다. 특히 한 명이라도 시청자를 더 모아 이름을 알려야 하는 신입 스트리머는 8시간 가까이 방송하는 경우도 있다. 여기에 방송 준비와 편집까지 소화하려면 무척 빡빡한 하루를 보내게 된다.

° MCN: Multi Channel Network로 스트리머의 활동을 관리하고 지원하는 연예기획사

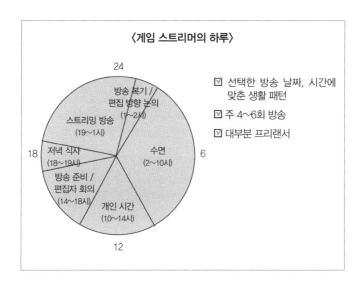

〈게임 스트리머의 하루〉

24

방송 복기 /
편집 방향 논의
(1~2시)

스트리밍 방송
(19~1시)

저녁 식사
(18~19시)

18

방송 준비 /
편집자 회의
(14~18시)

수면
(2~10시)

6

개인 시간
(10~14시)

12

☑ 선택한 방송 날짜, 시간에
  맞춘 생활 패턴
☑ 주 4~6회 방송
☑ 대부분 프리랜서

스트리머의 하루는 개인마다 천차만별이다. 방송시간대를 일부러 다르게 잡기 때문이다. 보통 저녁부터 이른 새벽 시간대가 가장 시청률이 높다. 이때 스트리머들의 경쟁도 가장 치열하다. 이를 피해 한적한 오전 시간대를 이용하는 스트리머부터 늦은 새벽에서 이른 아침까지 방송을 진행하는 스트리머까지 방송 시간은 다양하다. 그리고 각자의 방송 시간을 중심으로 하루 일과가 짜여진다.

저녁 7시에 방송을 하는 스트리머라면, 10시쯤 일어나 자유로운 개인 시간을 보낸다. 방송 서너 시간 전부터 준비하는데, 다른 방송을 찾아보는 모니터링과 편집자와의 회의도 포함된다. 간단히 저녁 식사를 마치고 방송을 시작한다. 4시간이 훌쩍 넘는 시간을 방송하려면 많은 체력 소모가 따른다. 고도의 집중력으로 게임을 플레이하면서도 시청자의 말에 반응하며 함께 호흡해야 하기 때문이다. 생방송을 마치고 당일 방송에서 좋았던 부분을 되짚어 보면서 영상 편집의 방향을 잡고, 편집자와 논의한 후 하루 일정을 마무리한다.

게임 스트리머 장단점

게임 스트리머의 가장 큰 장점은 **무한한 확장성**이다. 스트리밍 방송이 인기를 끌면 스트리머는 연예인 수준의 부와 인기를 누릴 뿐만 아니라 강연, 저술, TV 예능 출연 등 다양한 방면으로 영역을 넓힐 수 있다. 방송 감각이 있다면 자신의 잠재력을 발휘하기에 가장 좋은 직업이다.

스스로 방송 일정을 정하여 **자유로운 생활**이 가능하다는 점도 장점이다. 인기 있는 스트리머일수록 방송시간이 줄거나 잠시 쉰다고 해서 시청자 수가 크게 떨어지지는 않기 때문에, 자기 주도적으로 일과 생활의 밸런스를 조절할 수 있다.

동시에 **수익과 직업 자체의 불안정성**이라는 불안 요소도 있다. 게임 스트리머의 수입원은 크게 세 가지다. 시청자가 직접 제공하는 방송 후원금, 업로드 한 동영상 조회 수에 기반한 간접 광고 수입, 방송 내 직접 광고 수입으로, 세 가지 모두 방송이 인기를 얻을수록 수입이 늘어나는 구조다. 반대로 방송이 인기가 없으면, 하루 12시간 이상을 스트리밍 방송에 쏟아 부어도 최저시급에도 미치지 못하는 수입에 만족해야 할 수도 있다.

또한 콘텐츠는 저마다 유효 기간이 있다. 특히 주로 플레이하는 게임의 인기가 하락하면 방송의 인기도 떨어지는 경우가 많다. 때문에 게임 스트리머는 자신의 주력 콘텐츠에 더해 새로운 아이템을 꾸준히 개발해야 한다. 재미있는 콘텐츠를 지속적으로 만들지 못하면 방송의 인기, 그리고 직업인으로서 자신의 위치마저 흔들리게 된다.

게임 스트리머 전망

스트리밍 산업의 이용자 규모와 매출이 매년 큰 폭으로 증가하는 만큼, 게임 스트리머 역시 수익 상승이 예측된다. 연예인을 제치고 대기업 광고에 게임 스트리머가 출연할 정도로 대중적 인기와 위상이 올라가고 있는 점도 고무적이다. 이미 경쟁이 치열한 레드오션이지만, 실력을 갖춘 신규 스트리머의 성공사례도 지속적으로 나오고 있다.

e스포츠 선수들의 스트리밍 산업 진출도 더욱 활발해질

것으로 예상된다. 게임 방송 플랫폼 트위치의 국내 시청자 수 1위는 현역 프로게이머 이상혁(닉네임 '페이커') 선수이다. 프로게이머가 은퇴 후 희망 직업으로 코칭스태프와 나란히 스트리머를 꼽을[●] 정도로 프로게이머와 게임 스트리밍은 뗄 수 없는 관계이다. 더 많은 e스포츠 선수들이 스트리밍을 통해 자신의 영역을 넓히고, 스트리밍 산업은 이를 통해 더 많은 이용자를 확보하는 시너지가 지속될 것으로 기대된다.

●   한국콘텐츠진흥원. (2018년 12월). 2018 이스포츠 실태조사

게임 스트리머가
되려면?

게임 스트리머 필요 역량

① 자신만의 고유한 차별성

반드시 게임 실력이 뛰어나야만 게임 스트리머로서 성공하는 것은 아니다. 인기 있는 스트리머는 저마다의 장점이 있다. 게임을 압도적으로 잘할 수도 있고, 재치 있는 입담으로 게임을 해설하거나 숨겨진 명작 게임을 찾아내어 소개하기도 한다. 중요한 것은 차별화된 나만의 콘텐츠를 만들어 이를 방송에서 지속적으로 녹여내야 한다는 점이다.

② 원활한 커뮤니케이션 능력

온라인 스트리밍은 영상 송출과 시청자 교류가 동시에 이루어지는 매체이다. 자신의 게임 플레이와 말솜씨만 뽐내는 것이 아니라, 시청자와 함께하는 상호작용이 이루어

저야 스트리밍 콘텐츠가 완성된다.

③ 트렌드를 읽는 능력

대부분의 시청자가 젊은 세대인 만큼 각종 유행과 변화에 민감하다. 빠르게 변화하는 시청자 취향에 맞추어 콘텐츠를 제작하려면, 우리 사회의 트렌드와 감성을 이해하고 이를 콘텐츠에 적용하는 감각이 필요하다.

게임 스트리머가 되는 방법

스트리머는 누구에게나 열려 있는 직업이다. 플랫폼을 선택해 자신의 채널을 열면, 그 자체로 게임 스트리머의 길에 입문한 셈이다. 여기에 더해 게임 스트리밍에 필요한 장비들을 갖추어야 한다. 게임 콘텐츠에 따라 고가의 장비가 필요한 경우도 있지만, 일반적으로는 방송용 컴퓨터와 게임용 컴퓨터 두 대를 두고, 카메라와 방송용 마이크를 구비하는 것이 기본이다. 채널과 방송용 장비를 갖추었다면 방송 스케줄에 따라 꾸준히 방송한다.

스트리머는 자신의 능력과 노력에 따라 스스로의 가치가 달라지는 프리랜서다. 스트리머가 되는 것 자체에 의미를 부여하기보다는 스트리머로서 인기를 얻고 이를 유지하기 위해 노력해야 한다.

한국 e스포츠의 미래를 밝히는 힘

변화를 맞닥뜨린 한국 e스포츠

최근 한국 e스포츠는 내부적으로 여러 변화를 맞이하고 있다. 우선 각종 대회와 리그를 만들며 우리나라 e스포츠 역사를 이끌던 게임 방송사들이 위기에 직면했다. 게임사들이 방송을 직접 제작하고 리그 운영에 본격적으로 뛰어들면서, 게임 방송사들이 가지고 있던 e스포츠 사업의 주도권이 종목사로 넘어가고 있다.

프로게임단도 변화하고 있다. 국내 게임단의 상당수는 기업의 홍보를 목적으로 창단되었지만, 점차 독자적인 수입 구조를 만들어 자생력을 갖추려는 움직임을 보인다. 특히 해외에서 우리나라 게임단에 직접 투자하거나 합작 프로젝트를 진행하는 등, 국내 e스포츠 산업에 글로벌 자본이

투입되며 국가 간 경계가 옅어지는 양상이다.

리그 운영 방식의 변화도 직면했다. 승강제* 시스템에서는 프로게임단에 선뜻 투자하기 쉽지 않다. 한 시즌에서 성적이 나빠지면 하위 리그로 강등될 수 있기 때문이다. 시청자 수, 홍보 효과 등 모든 측면에서 1부 리그와 그 아래 리그 간 격차는 크다. 최근 종목별로 이미 프렌차이즈 제도**를 도입했거나, 혹은 리그 운영 방식에 해당 요소를 반영하려는 움직임이 대두되고 있다.

대외적으로도 e스포츠 절대 강국인 한국의 위상이 위협받고 있다. 압도적인 자본 규모를 갖춘 중국과 미국이 e스포츠 분야에 거침없는 투자를 쏟아부으면서, 글로벌 e스포츠 시장에서 한국이 차지하는 비중은 2015년 18.9%, 2016년 16.8%, 2017년 13.1%***로 낮아지고 있다.

또한 해외 팀들이 우수한 한국의 프로게이머, 코칭스태프, 분석가들을 대거 영입해 전력을 강화할 뿐만 아니라,

---

* 승강제: 여러 등급의 리그가 존재하고, 시즌 결과에 따라 성적이 나쁜 팀은 하위 리그로 내려가고, 우수한 성적을 거둔 팀은 상위리그로 올라가는 제도
** 프렌차이즈 제도: 리그 참여팀 수를 제한하고, 가맹구단만 리그에 참가할 수 있도록 독점적 권한을 부여하는 제도 (지역 연고제)
*** 한국콘텐츠진흥원. (2018년 12월). 2018 이스포츠 실태조사

이들을 통해 한국의 노하우를 흡수하며 성장했다. 유명 해외팀들은 이제 한국과의 실력 격차가 거의 없다고 해도 과언이 아니다. 세계 최대의 e스포츠 대회인 롤드컵에서 무려 5년 동안 왕좌를 굳건히 지키고 있던 한국이 2018년 중국에 우승을 내준 것이 대표적인 사례이다.

국내 e스포츠 산업의 구조가 재편되는 와중에 글로벌 e스포츠의 성장 국면에서 어려움을 맞이한 한국. 여러 측면에서 한국의 e스포츠는 지금 변곡점을 맞이하고 있다.

변화와 위기는 항상 기회를 숨기고 있다

누군가는 지금을 일컬어 한국 e스포츠의 혼란과 위기의 시기라고 말할 수도 있다. 하지만 큰 변화는 종종 그 안에 기회를 담고 있다.

국내 e스포츠의 다층적인 변화는 우리를 움츠러들게 만들 수 있다. 변화하는 상황에서 새로운 도전은 어쩌면 실패와 손해를 불러올지도 모른다. 하지만 그럼에도 끝없이 시도하고 실험해야 한다. e스포츠 미디어 산업의 무게 중심이 움직이고, 글로벌 투자가 유입되는 지금이 우리나라 e스포츠의 생태계를 긍정적으로 바꾸는 기회가 될 수도 있다. 후원에 일방적으로 의지하는 구조에서 벗어나, 팬들이 소비할 수 있는 콘텐츠가 다양해지고, 여기에서 발생한 수익이 게임단 투자로 이어지는 선순환 모델이 몇 년 안에 정착될 수도 있다.

글로벌 시장도 마찬가지이다. 우수한 국내 인재들의 급격한 해외 유출은 오히려 선수 발굴과 육성의 필요성을 깨닫는 계기가 되었다. 이 경험을 바탕으로 많은 게임단이 2군, 3군 등 하부팀을 구성하고 아카데미를 신설하며 유망주 육성에 힘을 쏟고 있다. 우리나라의 자본 규모로는 초강대국들과 경쟁하기 쉽지 않다. 때문에 e스포츠 내에 새로운 분야를 선점하기 위해 노력해야 한다. 인재 양성에 집중해 세계를 이끄는 e스포츠 미디어나 비즈니스 전문가를 배출하는 인재 허브가 될 수도 있고, 각 종목을 선도하는 전략·전술 개발에 특화하는 방식 등 우리나라가 e스포츠 강국을 유지하는 길은 얼마든지 있다.

위기를 기회로 만드는 데는 여러 방법이 있다. 그 기회를 찾고 실현하는 것은 언제나 사람에게 달려 있다. 변화하는 e스포츠 환경에 슬기롭게 대처하려면 새로운 인재들이 필요하다.

미래의 e스포츠 주인공들에게

e스포츠는 우리에게 행복을 주는 문화콘텐츠이다. 스포츠는 "현대에서 인간의 폭력성을 가장 긍정적으로 해소하

는 수단"으로, 승부의 틀 안에서 공정하게 펼쳐지는 치열한 경쟁은 우리 모두를 열광하게 만든다. 사람들에게 즐거움과 감동을 주는 일을 한다는 것은 e스포츠 산업의 가장 큰 매력이다.

꼭 게임을 잘해야 e스포츠 업계에 들어갈 수 있는 것은 아니다. 외국어를 잘한다면 국제 e스포츠대회에서 통역사로 활동할 수 있고, 사진을 잘 찍는다면 e스포츠 전문 사진기자로 활동할 수도 있다. 빠르게 변화하는 산업인 만큼, 나의 장점과 연계할 수 있는 새로운 직업과 신규 사업도 분명 나타날 것이다.

큰 변화의 물결 안에서 e스포츠가 지속적으로 성장 중이라는 사실은 변하지 않는다. 눈을 크게 뜨고 살펴서 과감하게 뛰어들어라. 분명 e스포츠 안에 당신만의 기회가 기다리고 있을 것이다.